Toskana

Die toskanische Schönheit ist unter
dem Schein der Anmut streng, vollkommen
und zuweilen asketisch.

Guido Piovene, 1957

Toskana

Wo das Glück zu Hause ist

Fotografie
Max Galli

Text
Thomas Migge

BRUCKMANN

Inhalt

Unterhalb des **Parco Naturale dell'Orecchiella** mit alpenähnlichen Bergen und unberührter Natur liegen Städte mit den schönsten Bauwerken des Mittelalters: **Pisa** mit dem carrara-weißen Campo dei Miracoli und dem »schiefen Turm« sowie die Altstädte von **Lucca, Pistoia** und **Prato**.

»Unermeßlich ist die Bedeutung der politischen und kulturellen Geschichte dieses kleinen abgeschlossenen Landes für den europäischen Menschen.«

Ranuccio Bianchi-Bandinelli, 1973

Wo der Wein wächst, wird die Reise zu Kultur und Geschichte ein Genuss: Im **Chianti** findet man weltberühmte Weinschlösser, abgelegene Klöster und herrschaftliche Paläste. Und inmitten malerischer Zypressenlandschaften liegen das mittelalterliche **Siena** sowie **Arezzo** mit den Fresken von Piero della Francesca.

Florenz – zwischen den sanften Hügeln der Toskana gelegen – war die Wiege der Neuzeit. Die mächtige Renaissancemetropole war eine Stadt der Künstler und Gelehrten, Mäzene und Machthaber. Heute ist sie eine Stadt voller Lebenslust.

An den wildromantischen **Stränden** und Badebuchten bei Castiglioncello, wo die Schirmpinien nahe am Strand wachsen, kann man eine Ahnung davon bekommen, wie die Küste der Toskana in vortouristischen Zeiten ausgesehen haben mag.
Das etruskische **Volterra** erhebt sich in einer zauberhaften Landschaft, die von jahrhundertelangen Erosionen gestaltet wurde.

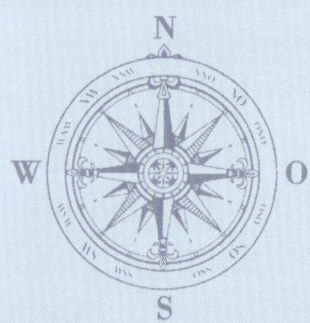

Wild und rätselhaft wirkt die **Crete** mit ihrer tiefbraunen Erde. Oft dunstverhangen der **Monte Amiata**, der höchste Berg der Toskana. Orte wie **Pitigliano, Chiusi, Ortebello** oder auch die **Maremma**, das Meergebiet der südlichen Toskana, sind für den Massentourismus nicht leicht zu erschließen. Mit verklärtem Blick begeben sich Rotweinfreunde auf die Hügelstädte **Montepulciano** und **Montalcino**.

*Oben: Piazza del Mercato in
Lucca. Im 2. Jahrhundert n. Chr.
errichteten die Römer hier ein
Amphitheater, auf dessen Mauern
später die umliegenden Häuser
gebaut wurden.*
*Rechts: Der Palazzo Vecchio, das
stolze Rathaus von Florenz, wurde
von Arnolfo di Cambio Ende des
13. Jahrhunderts erbaut.*

*Seite 10/11: Typisch toskanische
Hügellandschaft mit Zypressen
bei San Quirico d'Orcia.*

*Seite 12/13: Brunnen auf
der Piazza della Cisterna in
San Gimignano.*

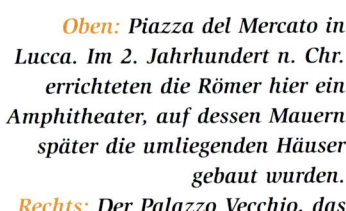

Wo das Glück zu Hause ist

Wir sitzen zusammen. Es ist ein Sommerabend, der langsam zu Ende geht. Ein langer heißer Tag liegt hinter uns. Noch steht die Sonne über der sanft hügeligen Landschaft, die sich bis zum Horizont ausbreitet. Nur noch eine kurze Zeit – dann versinkt der rote Ball.

Noch aber liegt goldenes Licht auf den alten Steinmauern und der steinernen Terrasse. Wir genießen unseren Rosso di Montalcino, einen kräftigen Wein, der in der Nachbarschaft angebaut wird. Dazu gibt es ein wenig Ziegenkäse von einem befreundeten Bauern aus der Umgebung, und der Abend ist perfekt. Grillen zirpen, Vögel zwitschern und, wir lassen den Tag Revue passieren.

Im letzten Sonnenlicht erstrahlt San Biagio, ein Schmuckstück von einer Kirche, ein Meisterwerk der Renaissance, umgeben von schlanken Zypressen. Schwalben sausen durch die immer noch sehr warme Luft. Die Kirche wirkt wie ein Teil der Landschaft, wie die Bäume und Felder, die uralten Gehöfte und die Menschen, die hier seit Generationen leben, Wein und Getreide anbauen und an einem Abend wie diesen die Zeit und das Leben, die Liebe und den Wein und die letzten Stunden des Tages genießen.

Sich ein bisschen Zeit nehmen

Toskana à la carte, das ist keine Erfindung von cleveren Reiseveranstaltern. Die Traumtoskana existiert. Leider muss sie jedoch immer öfter gesucht werden, freigelegt werden unter den Touristenmassen und dem Nippes, der selbst in kleinsten Ortschaften angepriesen wird. Aber der Zauber stellt sich immer noch ein, vor allem abends,

Oben: Suvereto mit seiner gut
erhaltenen mittelalterlichen
Altstadt wurde um das Jahr 1000
das erste Mal erwähnt.
Rechts: Was wären geschichts-
trächtige Kulissen ohne die vielen
malerischen Katzen.
Rechte Seite oben:
Straßenrestaurant in Suvereto.
*Rechte Seite unten: In der Via di
San Niccolo in Florenz.*

wenn die Busse und mit ihnen die Tagestouristen auf und davon sind, wenn ein Ort wie San Gimignano, das New York des Mittelalters, mit seinen faszinierenden Geschlechtertürmen wieder ungestört den Charme des 14. und 15. Jahrhunderts ausstrahlt, wenn das Klappern von Schuhsohlen schon von Weitem durch die menschenleeren Gassen zu hören ist, wenn sich Nachbarinnen von einem Fenster zum anderen unterhalten und sich über die verrückten Touristen lustig machen, die für nur wenige Stunden in den Ort einfallen und doch gar nichts verstehen.

Sie verstehen gar nichts, weil sie nicht bleiben, weil sie sich nicht die Zeit nehmen, dem Zauber der Toskana nachzuspüren, ein Zauber, der sich erst durch den Zusammenklang von Architektur, Kunst und Natur, dem Licht der Toskana, aber auch den Menschen mit ihren Gesichtern, ihren Gewohn- und Eigenheiten ergibt.

Es waren die Bürger toskanischer Kommunen, die sich schon früh aus mittelalterlicher Knechtschaft erhoben, gegen die allmächtige katholische Kirche und Stadtstaaten gründeten, Pisa und Siena, Arezzo, Florenz und wie sie alle heißen. Das Selbstbewusstsein des modernen europäischen Menschen entstand zwischen Arezzo und Grosseto, zwischen Florenz und Siena.

Irgendwann im hohen Mittelalter begannen sich toskanische Künstler von der Gewohnheit zu lösen, die Menschen immer gleich, ohne individuelle Gesichtszüge darzustellen, so die Mitglieder der Künstlerfamilie Pisano, die im 11. und 12. Jahrhundert mit der Darstellung des Individuums in der Kunst begannen. Nicht wenige Kunsthistoriker sprechen hier von einer Vorrenaissance, einer Epoche lange vor der eigentlichen Geburt des »Rinascimento«, der Renaissance, im Florenz des 14. Jahrhunderts.

Fortsetzung Seite 25

Oben: Eine Allee bei Bolgheri. Alleen gehören zur Toskana wie die sanften Hügel, wie Wein und Olivenbäume.
Rechts: Über die berühmte, rund fünf Kilometer lange Zypressenallee nach Bolgheri hat Giosuè Carducci das Gedicht »Davanti San Guido« geschrieben. Als erster Italiener bekam er 1906 den Nobelpreis für Literatur.

Daten und Bilder zur Geschichte

1

2

3

Ab dem **10. Jahrhundert v. Chr.** sind die Etrusker nachweisbar. Niemand weiß genau, woher sie kamen. Komplizierte genetische Untersuchungen ergaben jüngst, dass sie möglicherweise aus dem Orient stammen. **753**, Rom kroch aus dem Ei, aber nicht alle römischen Könige waren Römer. **534 v. Chr.** stieg der Etrusker Tarquinio auf den Thron am Tiber. Im Jahr **509** wurde er von den Römern vertrieben. Die Etrusker beherrschten weiterhin das nördlich der Tibermetropole gelegene Mittelitalien. Erst um **300 v. Chr.** verloren sie auch dort ihre Vorherrschaft an Rom. **89 v. Chr.** erhielten alle Bewohner der Toskana das römische Bürgerrecht. Das etruskische

Reich fand sein Ende, seine uralte Kultur wurde vergessen und erst ab dem 18. Jahrhundert wieder mühsam ausgegraben.

Nach der bis ins **6. Jahrhundert** dauernden Zeitspanne des Römischen Reiches, machten sich die Langobarden zu den neuen Herren der Region. Lucca war die Hauptstadt der Langobarden. **774** gaben die Franken den Ton an, und zwischen **1139** und **1266** stand die Region unter der Verwaltung der Stauferkaiser. In diese Zeit fällt auch die Entstehung der toskanischen Stadtstaaten, die, mit weitreichenden kaiserlichen Rechten ausgestattet, Wohlstand erlangten. Im **13.** und **14.** Jahrhundert herrschte oft Bürgerkrieg. Machtkämpfe zwischen den Ghibellinen, den

Anhängern der kaiserlichen, und den Guelfen, den Anhängern der päpstlichen Partei, zersplitterten das Land. Eine politische Situation, die die Florentiner geschickt für sich auszunutzen wussten. Mit handstreichartigen Überfällen schlugen sie die bis dato unabhängigen Städte Arezzo und Pistoia, San Gimignano, Volterra, Prato und Cortona zu ihrem Herrschaftsgebiet. Der Weg zur dominierenden Macht in der Toskana war frei. **1406** besiegte die Stadt am Arno Pisa und **1555** endlich auch ihre erbittertste Gegnerin, das mächtige Siena.

Die Medici herrschten über die Toskana, stiegen zu allererstem Adel auf und verheirateten ihre Töchter an europäische Fürstenhäuser. Es ist Medicidamen zu verdanken, wenn der feine italienische, das bedeutete damals toskanische, Lebensstil in Frankreich eingeführt wurde. Die Haute Cuisine, die Entstehung der französischen Musik und Malerei sind wohl vor allem jenen Prinzessinnen aus dem Hause Medici zu verdanken, die die Gemahlinnen französischer Könige wurden und italienische Künstler in ihre neue Heimat holten.

Das Reich der Medici endete mit deren letztem Spross, Gian Gastone, und ging dann an das Haus Österreich-

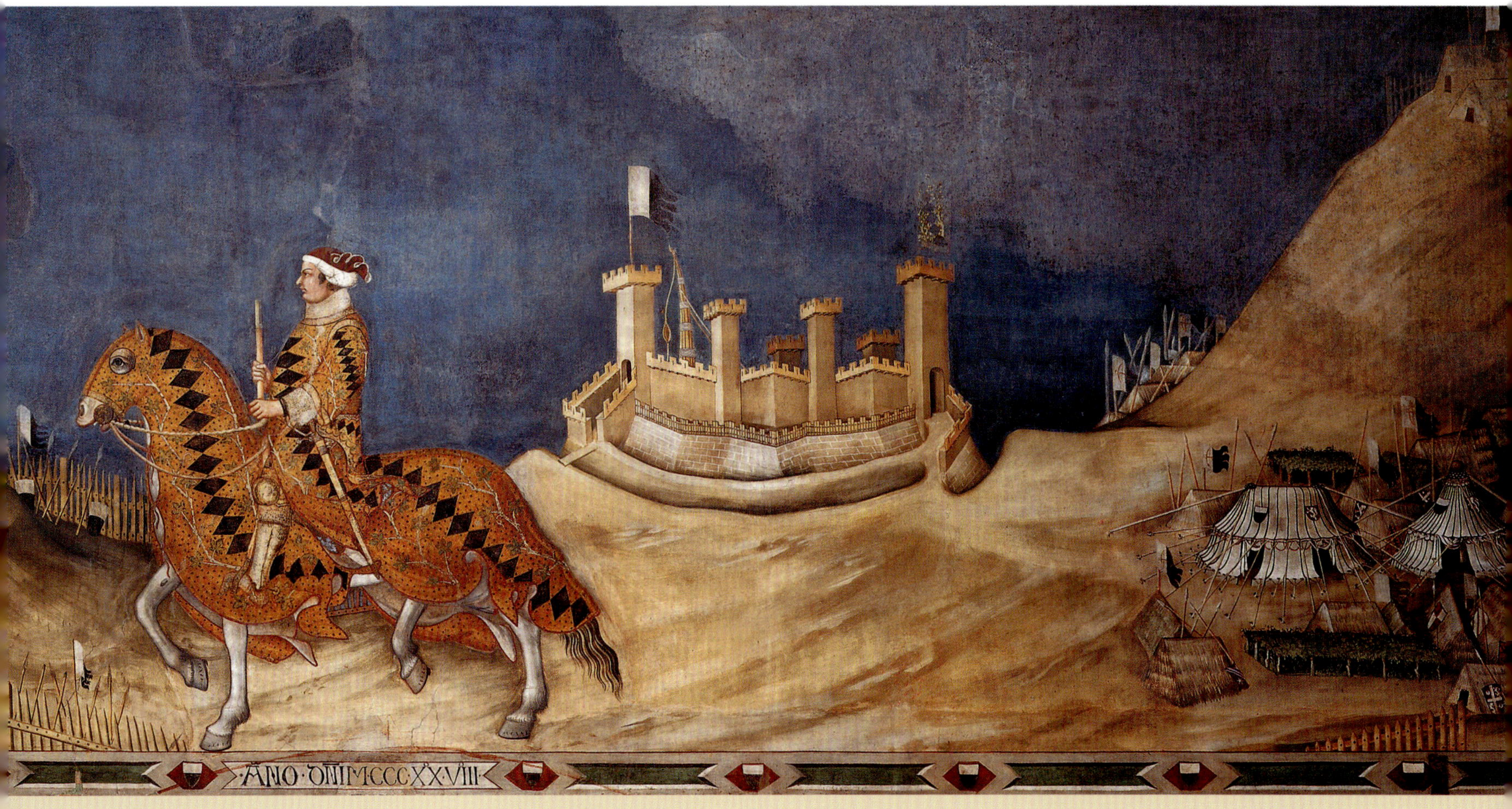

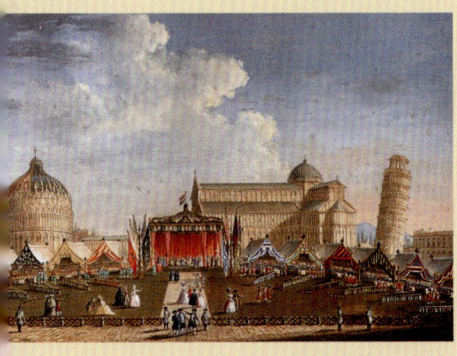

Lothringen. Die Österreicher führten eine effektive Verwaltung ein, auf die man sich noch heute beruft, um sich vom schlecht organisierten Süden und von Rom abzugrenzen.

1799 eroberte Napoleon die Toskana, doch schon **1815** kehrten die Österreicher nach Florenz zurück. Sie konnten hier allerdings nicht mehr viel ausrichten. Der nationale Befreiungskampf des sogenannten »Risorgimento« fand unter den Intellektuellen viele Anhänger. **1859** gaben die Österreicher auf und verließen das Land.

Mit einer Volksbefragung erklärte eine große Mehrheit aller toskanischen Bürger **1860** ihren Willen, fortan zum geeinten italienischen Königreich zu gehören. Sechs Jahre lang, von **1865** bis **1871**, war Florenz Italiens Hauptstadt. Das wissen nur wenige Toskanabesucher, wer aber in Florenz genau hinschaut, erkennt, dass die meisten Neubauten im historischen Zentrum aus der Zeit des architektonischen Historismus stammen, als das neue Bürgertum des geeinten Staates seine Gebäude im Stil der Neorenaissance errichten ließ, um auf diese Weise an die stolze Epoche des 14. und 15. Jahrhunderts zu erinnern.

1872 zog der König nach Rom. Das Herrschaftsgebiet des Papstes beschränkte sich von nun an lediglich auf den Vatikan. Florenz war fortan nur noch Hauptstadt der Region Toskana und wurde zu einer, vor allem bei kunstsinnigen ausländischen Italienreisenden, besonders beliebten Provinzstadt, vor allem bei gut betuchten und kunstliebenden Briten, die sich gleich massenweise in der Stadt und in den Villen von Fiésole niederließen.

1966 wurde Florenz von einer epochalen Katastrophe heimgesucht, einem Arnohochwasser, das ungemein große Zerstörungen an der historischen Bausubstanz und an Kunstwerken anrichtete. Es brauchte Jahrzehnte, um diese Schäden zu beheben. International für negative Schlagzeilen sorgten am **26.** und **27. Mai 1993** auch zwei Autobomben, die im historischen Zentrum für Verwüstung und Tote sorgten. Es waren Bomben der Mafia.

1 Etruskische Figurengruppe im archäologischen Museum in Volterra. 2 Bronzestatuette »L'ombra della sera« (Der Abendschatten) im Museo Etrusco Guarnacci in Volterra. 3 Fresko »Guidoriccio da Fogliano« von Simone Martini im Palazzo Pubblico in Siena. 4 Darstellung eines barocken Festes in Pisa, Gouache aus dem 18. Jahrhundert.

1

2

1 Auf dieser Vedute von Florenz, gemalt von Giuseppe Zocchi (1716–1767), sind der Ponte Santa Trinità und der Ponte Vecchio, die beiden schönsten Brücken über den Arno, zu sehen.
2 Foto des Ponte Vecchio von 1900.
3 Girolamo Savonarola wird 1498 auf der Piazza della Signoria auf dem Scheiterhaufen verbrannt. Museo di San Marco in Florenz.
4 Florentiner Stadtansicht des Malers Caspar Adriaans van Wittel, genannt Gaspare Vanvitelli (1653–1736).
5 Darstellung des Ponte Vecchio von L. T. Turpin de Crisse (1782–1859).
6 Florentiner Stadtplan aus dem 18. Jahrhundert.

23

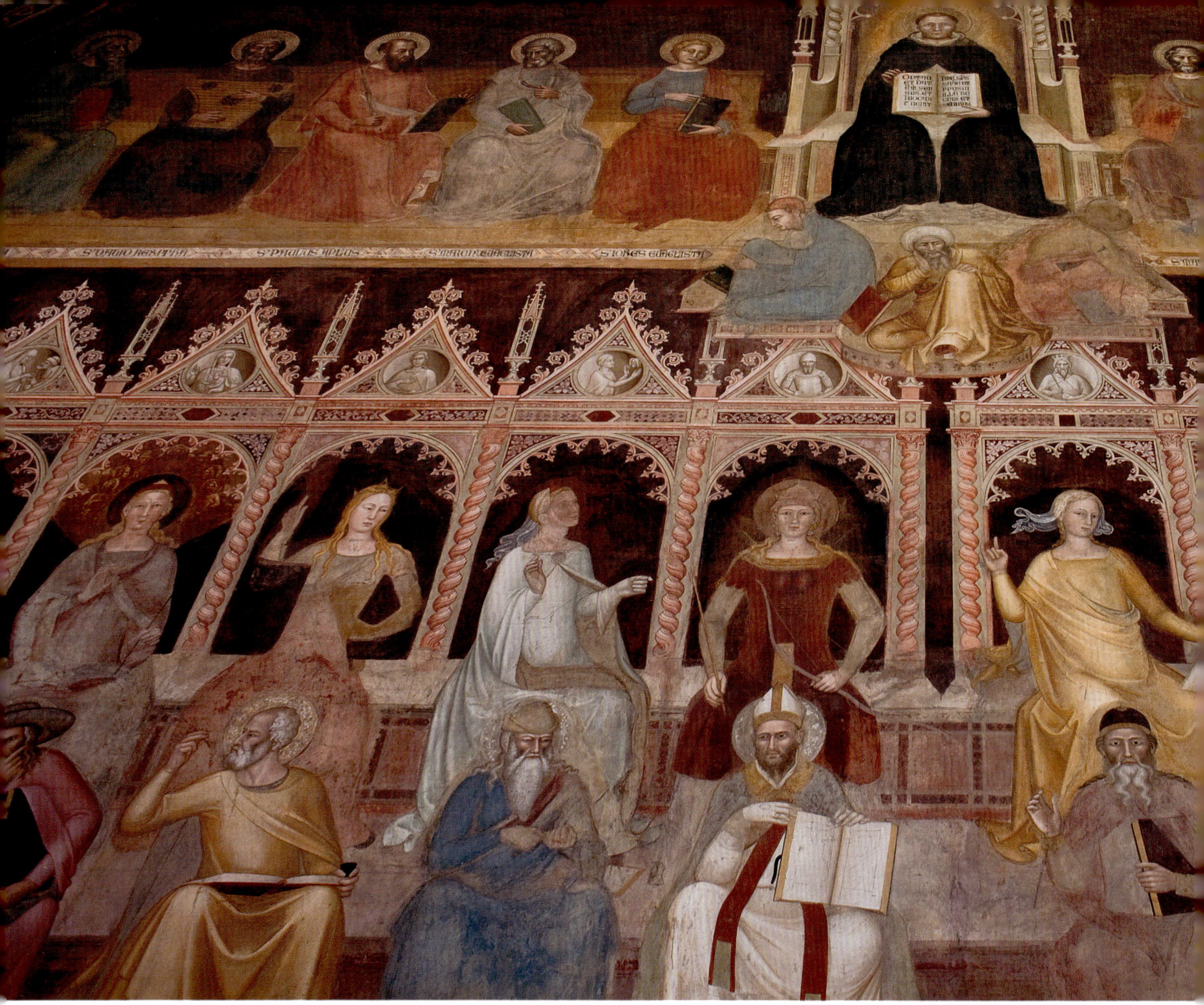

Oben: *Fresko in der Spanischen Kapelle von Andrea di Buonaiuti in der Dominikanerkirche Santa Maria Novella, Florenz.*
Rechts: *In der Klosterkirche San Francesco in Fiesole.*
Rechte Seite oben: *»Cosimo umgeben von den Künstlern seiner Zeit«, Gemälde von Giorgio Vasari (1511–1574) im Florentiner Palazzo Vecchio.*
Rechte Seite unten: *Die Fresken in Eleonora di Toledos Kapelle im Palazzo Vecchio sind Meisterwerke von Agnolo Bronzino.*

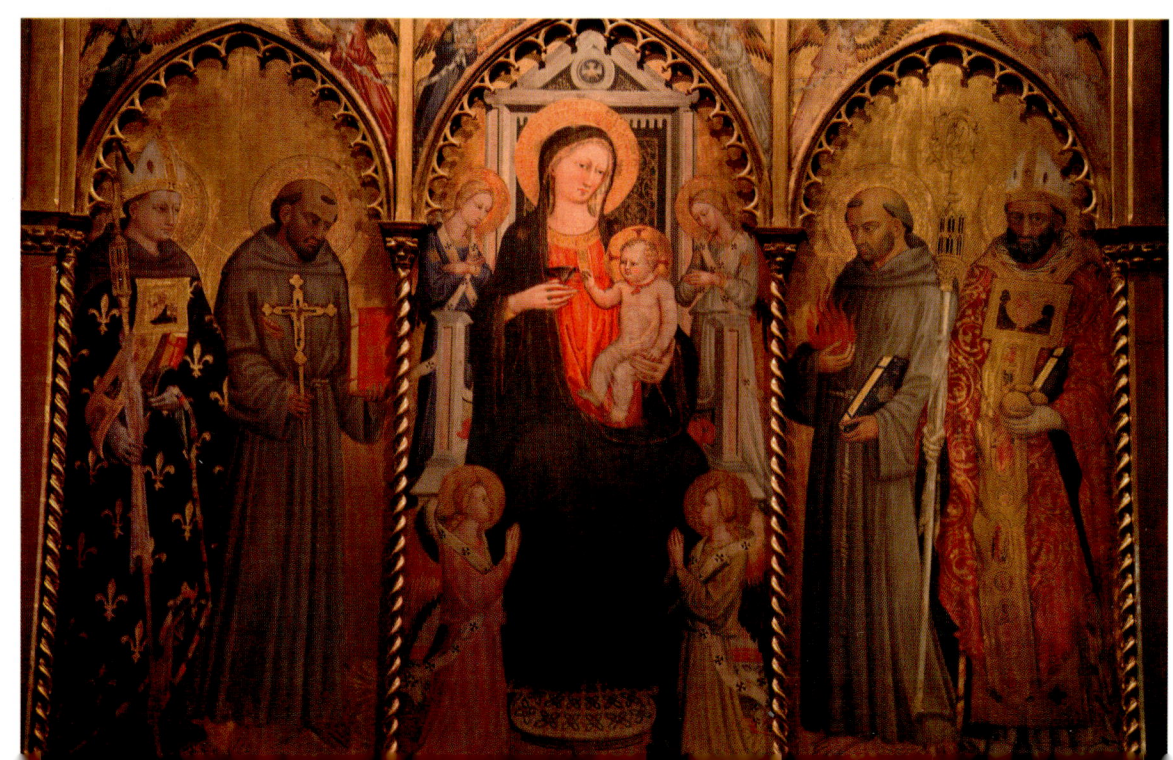

Ohne auf die Warnungen und Einschüchterungen der Päpste aus Rom zu hören, konzentrierten sich toskanische Kaufleute, Bankiers, Bürger, Künstler und Adlige auf sich selbst als Individuen, als freie Menschen, die frei und ohne Vorgaben aus Rom und der Geistlichen in ihren Städten ihr Leben in die Hand nehmen wollten. Durch ihren Handel zu Reichtum gelangt, wollten sie selbst bestimmen, und nicht von Kaisern und Päpsten regiert werden.

Mit dem Entstehen eines ersten europäischen Geldsystems in der Toskana und mit ihrem europaweit reichenden Handel entdeckten die toskanischen Menschen der Renaissance, dass sie ihres Glückes Schmied sind.

Und sie entdecken sich selbst, ihren Körper und dessen Schönheit. Das geheimnisvolle Lächeln der Mona Lisa ist das Lächeln einer jungen Frau aus der Toskana, die einen reichen Bankier geheiratet hatte. Es ist nicht mehr das Lächeln einer betenden Bürgerstochter oder einer Madonna, sondern das selbstbewusste Lächeln einer fast schon modernen Frau.

Toskaner sind etwas Besonderes

Das neue Selbstbewusstsein der Florentiner in der Renaissance wuchs zu einer nie da gewesenen Größe. Sie stellten sich vor ihr Rathaus, den Palazzo Vecchio im Zentrum der Stadt, einen nackten, überdimensional großen, jungen und vor Kraft strotzenden Mann, den David von Michelangelo, einen Menschen, wie ihn bisher nur die Antike kannte. Die Antike entstand neu in der Toskana, in der der Mensch im Zentrum der Welt stand.

Das Gefühl, etwas Besonderes zu sein, findet man heute immer noch bei vielen Toskanern. Vor allem bei jenen, die alten Familien angehören. Den Wein anbauenden Aristokraten wie den Antinori,

Rechts: San Guido, Centro Diocesano di spiritualita nahe Bolgheri.
Unten: Blick auf Radicofani von der Rocca Radicofanis aus, dem Wahrzeichen der Südtoskana und der ehemaligen Residenz des berüchtigten Raubritters Ghino di Tacco.
Großes Bild: Weinlandschaft bei San Angelo in Colle.
Rechts unten: Bischöfliches Seminar in San Miniato.

Nachfolgende Doppelseite: »Zug der heiligen drei Könige« (1459–61) von Benozzo Gozzoli, Palazzo Medici-Riccardi in Florenz.

den Rucellai und Strozzi, den Frescobaldi und Guicciardini, alte Namen mit einer langen Geschichte. Aber auch die einfachen Familien, die seit Generationen und mehreren Jahrhunderten Handwerker sind, verfügen über einen besonderen Stolz, auf sich selbst und ihre jeweilige Stadt.

Daraus entstanden mit der Zeit lokale Überheblichkeiten. So spotten Florentiner immer noch über die Sienesen und umgekehrt, und in San Gimignano macht man sich über die Bürger in Grosseto lustig. Der Lokalstolz geht einher mit einer lebendigen Pflege der Traditionen und der Feste. Trachtenspektakel, die oft in Deutschland zu kommerziellen Spielereien fürs Fernsehen und für Touristen verkommen, finden sich in der Toskana nicht. Hier werden traditionelle Stadt- und Heiligenfeste mit Würde begangen. Wie in früheren Zeiten nimmt die ganze Bürgerschaft daran teil.

Jeder Stadtstaat, auch der kleinste, wollte sein Selbstbewusstsein aber auch zur Schau stellen. Jahrhundertelang engagierte man die berühmtesten Künstler, um sich mit Kunst zu schmücken, um seinen Reichtum und seinen guten Geschmack zu demonstrieren.

Nur so erklärt es sich, dass die Toskana außergewöhnlich viele Kunstschätze hat. Abgesehen von den Städten, die nicht nur Museen besitzen, sondern selbst Museen sind, mit ihren Plätzen und Straßen, ihren Palästen und Kirchen, findet sich auch in kleinsten Ortschaften ganz große Kunst. Oft reicht es, bei einem Küster zu klingeln, um ihn nach dem Schlüssel für ein Kirchlein zu fragen, und schon bekommt man Meisterwerke zu sehen, wertvolle Madonnen und wunderschöne Fresken, Skulpturen und Gemälde.

Das einfache Glück

Kunst und Architektur und Lebensgenuss gehen in der Toskana eine Symbiose ein. Alles ist miteinander verwoben. Die Toskaner wachsen inmitten traumhaft schöner Ortschaften auf, in denen die Bürger vergangener Jahrhunderte harmonische Stadtbilder geschaffen haben. Das schärft ihren Sinn für das Schöne.

Das Abendessen auf dem Domplatz von Massa Marittima beenden wir mit einem letzten Glas Wein. Rundum müde, aber entspannte zufriedene Gesichter und ein zufriedenes Schweigen. Das

Fortsetzung Seite 32

Die Medici

Kunst und Luxus zugetan und gnadenlos zu ihren Feinden

Sie sollen Bauern, Handwerker oder auch Ärzte gewesen sein. Was die Familie der Medici vor ihrem rasanten Aufstieg zu den Großherzögen der Toskana war, womit sie sich am Leben erhielt ist unbekannt. Seit Mitte des 13. Jahrhunderts ist ihre Präsenz in der Toskana belegt. So viel ist sicher. Sicher ist auch, dass die späteren Herrscher Mittelitaliens nichts unterlassen haben, um ihre einfache Herkunft vergessen zu machen.

Mit Giovanni di Bicci, er starb im frühen 15. Jahrhundert, begann die Karriere der Medicis. Giovannis Söhne, Cosimo und Lorenzo, begründeten die beiden Linien des Hauses, deren ältere 1537 mangels männlicher Nachkommen erlosch, während

die jüngere Linie erst 1743 ausstarb. Der Sippe entstammten zwei Päpste, Leo X. und Clemens VII., die mit dem von ihnen geförderten System des sogenannten Nepotismus dafür sorgten, dass ihre Verwandten, die männlichen natürlich nur, innerhalb der Kirche in die wichtigsten Positionen aufrücken und somit viel Geld in ihre Kassen lenken konnten. Auch zwei Königinnen entstammen dem Florentiner Geschlecht. Beide, Katharina und Maria, heirateten französische Könige und ihnen ist es zu verdanken, dass das Kunstschaffen in Florenz auch nördlich der Alpen Mode wurde. Beliebt waren die beiden Damen nicht. Frankreichs Adel sah in ihnen nur zu Adel gelangte Krämertöchter.

Ganz unrecht hatten die Franzosen damit nicht. Cosimo der Ältere (1389–1464) war zunächst nur Stadtherr von Florenz, kein Blaublüter. Ab 1434 regierte er unter Beachtung der bestehenden republikanischen Vorgaben des Stadtstaates. Doch Cosimo baute das Familienunternehmen kräftig aus, verdiente Unsummen mit Bankgeschäften, förderte Künste und Wissenschaften und legte damit den Grundstein für das wirklich einmalige Mäzenatentum der Medici. Mit der von ihm begründeten »Platonischen Akademie«, an der die einflussreichsten Geister ihrer Zeit lehrten, wurde die Stadt zum Mittelpunkt des Humanismus, der ideengeschichtlichen Grundlage der Renaissance.

Lorenzo I., der Prächtige genannt (1449–1492), der Enkel Cosimos, regierte ebenfalls als Stadtherr. Nach der blutigen Unterwerfung des Aufstands, einer um politischen Einfluss konkurrierenden Florentiner Familie, der Pazzi, baute er seine Macht aus. Lorenzo trat selbstherrlich auf, schon ganz Herrscher. Doch er

(top-left fresco with bust)

6

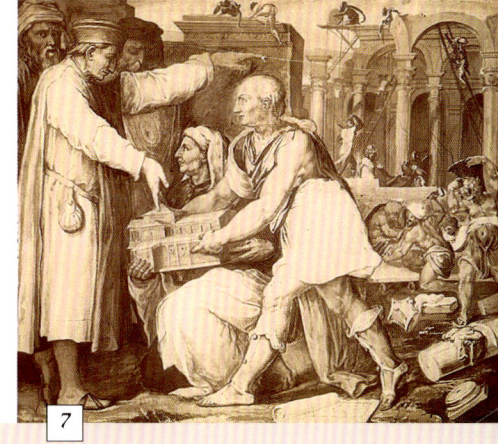

7

4

5

war beliebt und bei Künstlern wie Leonardo da Vinci und Michelangelo wegen seines den Künsten gegenüber aufgeschlossenen Geistes angesehen.

Nach seinem Tod gelang es dem fundamentalistischen Mönch Savonarola, die Medici zu vertreiben und einen diktatorischen Gottesstaat zu errichten, der 1498 mit der Hinrichtung des Revolutionärs endete. Die Medici kehrten nach Florenz zurück.

Durch die Heirat eines Medici mit Margarete von Parma, einer Tochter Kaiser Karls V., erhielten die Medici 1531 die Herzogswürde. Langsam aber sicher hoben sie das Mitspracherecht der anderen Florentiner Familien auf und übernahmen die alleinige Macht. Es entstand ein sicherlich den Künsten sehr förderlicher, aber unrepublikanischer Staat, der zentral von den Medici regiert wurde. Cosimo I. (1519–1574) regierte als absoluter Herrscher. Unter seiner Führung eroberten die Medici 1555 Siena und wurden damit in der ganzen Toskana zur unbestrittenen Herrscherfamilie. Cosimo I. gründete übrigens die Gemäldesammlung im Palazzo Pitti, eine der reichsten Italiens.

Der letzte Großherzog der Toskana und damit der letzte herrschende Medici war Gian Gastone (1671–1737). Politische Macht hatte er nur noch wenig. Berühmt-berüchtigt wurde er wegen ausschweifender Feste und sexueller Vergnügungen.

Die immensen Kunstschätze, die die Medici im Laufe von rund vier Jahrhunderten ansammelten, vermachte schließlich die Schwester Gian Gastones, Anna Maria Luisa (1667–1743), die mit dem Kurfürsten Johann Wilhelm von der Pfalz verheiratet war, der Stadt Florenz mit der Auflage, dass ausnahmslos alle Kunstwerke in der Arnostadt zu bleiben haben.

1 »Die Hochzeit der Katharina von Medici mit Heinrich, Herzog von Orleans«, 1533. 2 »Lorenzo de' Medici unter den Künstlern« (1635), Ottavio Vannini (1585–1643). 3 »Cosimo III Medici«, Justus Sustermans (1597–1681). 4 »Gastone von Medici«, Großherzog der Toskana (1723–1737). 5 Porträt von Lorenzo il Magnifico (1449–1492). 6 Cosimo de' Medici der Ältere, Gemälde nach Pieroni. 7 Fresko von Giorgio Vasari (1511–1574).

ganz einfache Glück des Moments. Vor uns der Palazzo del Podestà, das Rathaus aus dem Mittelalter, und links davon, erreichbar über eine Treppe, der mächtige romanische Dom mit seiner ungemein eleganten Fassadengestaltung und daneben der hohe Campanile. Alles wirkt harmonisch, in seinen Proportionen aufeinander abgestimmt.

Den Sinn für Proportionen kann man in der Toskana begreifen, erfahren, wenn man mit offenen Augen reist und sich Zeit lässt. Das gilt für Florenz wie für die Maremma, für Siena wie für den Süden mit seinen einsam gelegenen Ortschaften.

Zauber der Toskana

Tausend und ein Reiseführer sind zur Toskana geschrieben worden. Was bleibt da noch zu sagen? Viel Neues kann es doch gar nicht mehr geben? Schließlich ist diese Region touristisch so abgegrast wie nur wenige andere in Europa. Toskana? Die kennt man. Das glauben jedenfalls die meisten, die mal hier gewesen sind. Sie besuchen Florenz und Siena, Montepulciano oder Montalcino und einige andere touristische Leckerbissen, bleiben vielleicht eine oder zwei Wochen

Oben: Das Wahrzeichen von Manciano ist die Burg Cassero Aldobrandeschi Senese. Von dieser mittelalterlichen Festung aus sieht man den Monte Amiata und die Insel Giglio.
Rechts: Viareggio, hier die Hafenmole, ist einer der bekanntesten Badeorte an der Riviera Toscana, der sogenannten Versilia.
Rechte Seite: Das mittelalterliche Tor »Porta del Paese« in San Casciano dei Bagni.

auf einem familienfreundlichen Bauernhof. Die Toskana, die nimmt man sich mit in Form von Wein vom Lieblingswinzer, von haltbarem Käse und Bildbänden, von Terrakottablumentöpfen für den heimatlichen Garten oder Balkon und vielleicht auch in Form eines kleinen Zypressenablegers oder eines Bougainvillea-Strauches, die in deutschen Gefilden garantiert eingehen werden.

Die Toskana haben die Deutschen im Herzen oder jedenfalls das Bild, das sie sich von ihrer Toskana machen. Ich kenne Leute, die jahrelang nicht in die Toskana fahren, weil diese Region für sie zu viel des Guten repräsentiert. Zu viel Kunst und Kultur, zu viel Schönheit auf einem zu kleinen Raum. Erdrückende Geschichte und Kunstgeschichte.

Doch dann kehren sie wieder, oft nach Jahren, um dem Zauber erneut zu erliegen. Ein Zauber, dem man sich einfach nicht entziehen kann.

1

Päpste und Fürsten

Verquickung geistlicher und weltlicher Macht

2

3

Die noch heute in Florenz lebenden Medici, die allesamt einer Nebenlinie der im 18. Jahrhundert ausgestorbenen Familie angehören, verweisen gern auf die Tatsache, dass sie gleich zwei Päpste unter ihren Vorfahren haben. Selbst römische Adelsfamilien können nicht mehr aufweisen. Den Medici kommt damit eine besondere Bedeutung innerhalb der Kirchengeschichte zu.

Auch wenn ihre Pontifexe nicht besonders lange regierten, Leo X. sieben und Clemens VII. elf Jahre, gelang es ihnen, den Einfluss und den Reichtum ihrer Familie und deren Mitglieder maßgeblich zu vermehren. Die Verquickung geistlicher und weltlicher Macht zwischen Fürsten,

die zu Päpsten werden, wird bei den Medici besonders deutlich. Giovanni de' Medici wurde am 11. März 1513 als 38-Jähriger zum Papst gewählt, ein junger Papst, der schon mit 17 Jahren den Kardinalshut getragen hatte. Als Spross des mit Abstand blühendsten, kunstreichsten und sicherlich auch verschwenderischsten Hofes in ganz Italien brachte er seine Lebensgewohnheiten mit nach Rom. Von vielen Kirchenhistorikern wird sein Pontifikat wegen der überaus luxuriösen Hofhaltung und der maßlosen Verschwendung von Kirchengut besonders negativ beurteilt. Leo X. war auch ein Förderer des Nepotismus, jener schlechten Angewohnheit korrupter Päpste, ihre eigenen Fa-

milienmitglieder mit den saftigsten Pfründen und Ämtern auszustatten. Als Kirchenpolitiker kümmerte sich Leo X., auf Saus und Braus bedacht, nicht um die in Nordeuropa aufflammende protestantische Bewegung. Der erste Medici-Papst verhielt sich mehr wie ein Fürst und weniger wie ein Kirchenoberhaupt.

Auch Clemens VII. war ein typischer Renaissancepapst, eher Herrscher als Oberhirte. Giulio de' Medici wurde ebenfalls jung Papst, mit nur 45 Jahren. Er wollte, nachdem ihm das Kardinalskollegium 1523 die Tiara auf das Haupt gesetzt hatte, verschiedene dringende Probleme lösen, darunter den notwendigen Frieden zwischen den christlichen Fürsten Europas

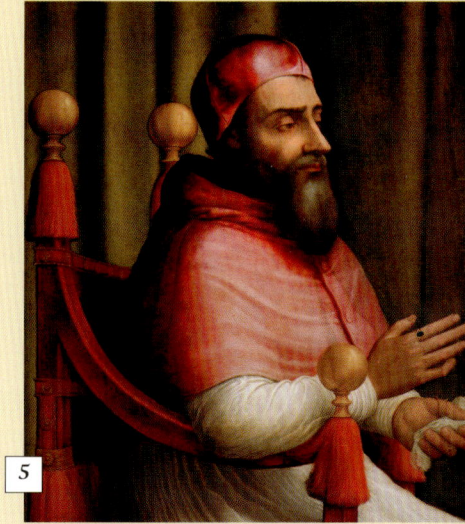

5

und die Abwendung der durch die Türken drohenden Gefahr. An erster Stelle stand für ihn jedoch das Problem der sich abzeichnenden Kirchenspaltung. Jedoch war ihm in keinem Fall Erfolg beschieden. So rückten

die Türken in Ungarn weiter vor und die Truppen Kaiser Karls V. zogen in Rom ein und plünderten die Ewige Stadt am 6. Mai 1527. Clemens VII. musste in die Engelsburg fliehen.

Kaiser Karl V. versuchte, ohne Erfolg, den gefangenen Papst zur Einberufung eines Konzils zu bewegen, um zu einer Reform der Kirche und der Überwindung der Häresie zu gelangen. Doch Clemens VII. weigerte sich entschieden. Der Medici wollte auf dem Papstthron Großfürst spielen, doch er wurde von der wichtigsten europäischen Macht in seine Schranken gewiesen. Auch seine Familie erlitt einen machtpolitischen Rückschlag durch die erfolglose Politik des Papstes. Das Pontifikat

Clemens' VII. war für die Kirche ein Verhängnis, weil er sich weigerte, das dringend erforderliche Konzil einzuberufen. Sein Tod wurde deshalb von vielen Zeitgenossen als Glück für die Kirche betrachtet.

1 *Papst Clemens VII. (vorher: Giulio de' Medici, 1478–1534).*
2 *Papst Leo X. (vorher: Giovanni de' Medici, 1475–1521).*
3 *Zusammenkunft von Papst Leo X. und dem französischen König Franz I. in Bologna. Gemälde von Giorgio Vasari und Werkstatt. Palazzo Vecchio, Florenz.*
4 *Papst Leo X. und Giuliano, 1515.*
5 *Papst Clemens VII.*
6 *Porträt von Leo X., Sohn von Lorenzo de' Medici (1449–1492), und den Kardinälen Luigi de' Rossi und Giulio de' Medici. Gemälde von Raphael (Raffaello Sanzio, 1483–1520). Uffizien, Florenz.*

Oben: Neptunbrunnen im Boboligarten in Florenz. Den Neptun schuf Stoldo Lorenzi 1565–1568. Der Park wartet mit vielen weiteren Skulpturen auf. Rechts: Über die Treppen der Via San Salvatore al Monte gelangt man zu San Salvatore al Monte, der ersten von Franziskanern 1415 in Florenz erbauten Kirche.

Nachfolgende Doppelseite: Die mächtige Renaissancekuppel des Doms von Florenz. Filippo Brunelleschi errichtete diese größte Kuppel seiner Zeit mit einem frei schwebenden Gerüst. Zur Laterne führen 463 Stufen hinauf.

Nicht nur Kunst und Kultur im Übermaß

Florenz und nähere Umgebung

Fahren Sie nach Ihrer Ankunft in Florenz zunächst zur Piazzale Michelangelo. Lassen Sie sich nicht durch die in der Hochsaison so zahlreichen Touristen stören, sondern genießen Sie die Aussicht.

Der Blick von diesem hoch über Florenz gelegenen Platz, auf dem auch eine Kopie von Michelangelos berühmtestem Nackedei David steht, reicht weit über die Altstadt hinaus. Das sich vor dem Besucher ausbreitende Panorama einer der schönsten Städte der Welt sollte man ausgiebig genießen.

Schaut man nach links, erkennt man in den Hügeln, von Pinien und Zypressen umgeben, die Ortschaft Fiesole. Unterhalb des Aussichtspunktes fließt träge unter mehreren Brücken hindurch der Arno in Richtung Süden. Gut zu erkennen ist der Ponte Vecchio, die berühmteste aller Florentiner Brücken. Besuchen Sie diese abends, kurz bevor die vielen Juweliere, fast ausschließlich Traditionsgeschäfte, schließen, oder frühmorgens, kurz nachdem sie geöffnet haben. Erst dann, wenn die Brücke fast menschenleer ist, zeigt sich der wahre Charme des im 14. Jahrhundert errichteten Bauwerks. Bei Sonnenuntergang ist die Aussicht auf die Rundbögen der Brücke, auf den glitzernden Fluss und auf die Palazzi und Kirchen ein Traum.

Rechts, auf der anderen Seite des Arno, geht unser Blick auf das Herz von Florenz. Dort liegen die ehemaligen Zentren von Macht und Religion. Der 94 Meter hohe Turm des Palazzo Vecchio, des heutigen Rathauses, ist seit 1310 der zweitwichtigste markante Punkt der Florentiner Skyline. Von seiner Spitze aus hat man eine fantastische Aussicht auf die Dächer und Kuppeln. Beeindruckend ist auch der Blick von der Laterne der gewaltigen Kuppel des Domes. Sie ragt bis in eine Höhe von 91 Metern und ist die erste Kuppel, die nach der

*Ganz oben: **Medici-Herrscher Ferdinando I. (1549–1609) vor der Loggia Ospedale degli Innocenti in Florenz.** Mitte: **Blick auf Florenz vom Piazzale Michelangelo, dem in den 1860er Jahren von Giuseppe Poggi angelegten Platz mit Kopien berühmter Statuen Michelangelos.** Unten: **Michelangelos David von 1501 vor dem Palazzo Vecchio.** Rechte Seite: **Der Dom mit dem Glockenturm von Giotto.***

römischen Antike errichtet wurde. Filippo Brunelleschi war ihr genialer Baumeister. Seine für die damalige Zeit unglaubliche Höhe und Spannweite gibt bis heute Rätsel darüber auf, auf welche Art sie errichtet werden konnte. Die Konstruktion wirkt, von der Piazzale Michelangelo aus gesehen, wie eine in der Altstadt geparkte mächtige Montgolfiere.

Wiege europäischer Zivilisation

Wie soll man Florenz besichtigen? Entweder, wie die vielen britischen Reisenden um die Wende vom 19. zum 20. Jahrhundert, also mit einem Kunstreiseführer ausgestattet und von Kirche zu Kirche, von Palazzo zu Palazzo wandernd, oder aber man lässt sich einfach nur treiben, sammelt viele Eindrücke und überlässt es dem Zufall, welche der vielen Sehenswürdigkeiten man zu Gesicht bekommt.

Sicherlich, Florenz schüchtert vielleicht mit seinen zahllosen Kunstwerken und kunsthistorisch bedeutsamen Gebäuden ein. Aber man sollte nicht vergessen: Hier entstand die Renaissance, hier stand die Wiege der modernen europäischen Zivilisation.

Einmal abgesehen von den Schäden aus dem Zweiten Weltkrieg, als sich deutsche und alliierte Truppen auf jener Seite des Arno, wo sich der Palazzo Pitti befindet, bekämpften und wo Gebäude zerstört wurden, ist das historische Stadtzentrum nahezu vollständig erhalten. Die Palazzi der italienischen Gründerzeit, als Florenz zwischen 1865 und 1871 die Hauptstadt des geeinten Königreichs Italien war, sind nicht unbedingt schön, fügen sich aber mehr oder weniger harmonisch in die Reihe der Paläste und Kirchen aus dem späten Mittelalter und der Renaissance ein.

Ganz oben: Die Glocke, die 1322 in den Turm des Palazzo Vecchio gehängt wurde, rief die Bürger zu Versammlungen oder warnte vor Feuer, Hochwasser und Angriffen.
Mitte: Wildschweinbrunnen bei der Logge del Mercato Nuovo. Das Wildschwein von Pietro Tacca (1612) ist eine Kopie des antiken Originals, das in den Uffizien steht.
Rechts: Blick vom Giardino del Cavaliere auf San Miniato al Monte. Die Kirche ist ein seltenes und exquisites Beispiel romanisch-florentinischer Architektur.

Die Idee des Palazzo, der prächtigen Stadtresidenz ohne Burgcharakter, Verteidigungszinnen und -türme entstand ursprünglich im Florenz der Renaissance.

Der politisch wichtigste Palast der Stadt ist seit Jahrhunderten der Palazzo Vecchio an der Piazza della Signoria. Mit seinem Bau wurde 1299 begonnen. Zunächst war er Sitz der Bürgerregierung von Florenz. Nachdem die Familie der Medici, emporgestiegen aus der Schicht reicher Kaufleute, ihre bürgerliche Vergangenheit hinter sich gelassen hatte und in den Stand der Aristokratie aufgenommen wurde, residierte sie zunächst im Palazzo Vecchio, später zog sie in den Palazzo Pitti. Der Palazzo Pitti ist mit dem Palazzo Vecchio und den Uffizien über einen Gang verbunden, der über den Ponte Vecchio führt. Seit einiger Zeit kann dieser Korridor von den Uffizien aus

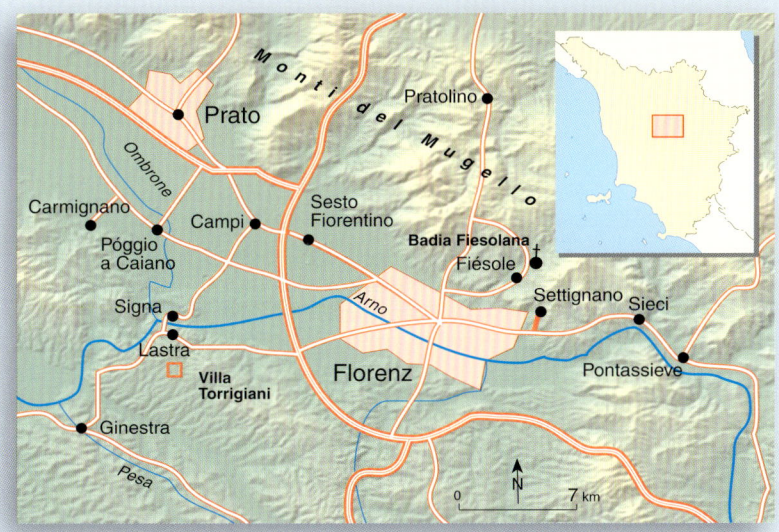

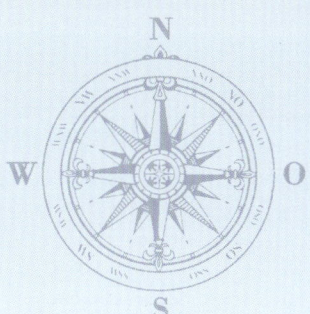

Nicht nur Chiantiwein

Winzer in allen toskanischen Provinzen keltern heute Spitzentropfen

Italien ist neben Frankreich das größte Wein erzeugende Land der Welt. Produziert werden rund 20 Prozent der Weltweinerzeugung. Ein guter Teil davon kommt aus der Toskana, deren Winzer in den letzten Jahren enorme Qualitätssprünge gemacht haben. Die besten Tropfen aus Montalcino oder Montepulciano werden heute so teuer gehandelt wie französische Spitzenweine. Berühmt sind vor allem die roten und kräftigen Weine Vino Nobile di Montepulciano und Brunello di Montalcino. Dazu kommen viele fantastische Tafelweine aus allen Provinzen der Toskana, Einzelweine mit besonderen Rebzusammensetzungen oder nach neuen Anbauformen produziert, wie zum Beispiel der Sassicaia. Der sicherlich populärste Weißwein der Toskana ist der Vernaccia di San Gimignano, der zu allen Vorspeisen getrunken werden kann. Florenzbesucher können in verschiedenen »Enoteche«, Weinbars, die besten Weine der Toskana probieren. Wer durch das Land reist, sollte sich von den Hinweisschildern der Winzer verführen lassen. Auf den Weingütern ist man immer gern bereit, die Gäste probieren zu lassen.

Ganz oben: Lorenzo Ghiberti schuf das von Michelangelo »Paradiespforte« genannte Ostportal des Baptisteriums (1424–1452). Die Originale der zehn Bronzetafeln sind im Museo dell'Opera del Duomo zu bewundern.
Mitte: Loggia del Mercato Nuovo, ein Renaissancebau von Giovanni del Tasso (1547–1551). Ursprünglich wurde hier mit Seide und Gold gehandelt.
Rechts: Detail des Neptunbrunnens auf der Piazza della Signoria.

besichtigt werden. Neben den zahllosen Porträtgemälden, die hier dicht an dicht hängen, bieten sich von den bullaugengroßen Fenstern ungewöhnliche Blicke auf die Stadt und den Fluss.

Der Palazzo Vecchio verfügt zwar über einen Zinnenkranz, aber nur noch zu dekorativen Zwecken. Sein Inneres ist von einigen der ganz großen Künstlern der Renaissance ausgemalt worden, darunter Vasari und Andrea Verrocchio. Für ihre Hofbeamten errichteten die Medici den Palazzo degli Uffizi, den Büropalast. Heute ist darin eine der wichtigsten Kunstsammlungen der Welt untergebracht.

Im 15. Jahrhundert ließ sich Cosimo de' Medici den Palazzo Medici-Riccardi errichten. Er wurde zum stilbildenden Vorbild für viele andere Renaissancepaläste. Während der Epoche des Historismus im 19. Jahrhundert ließen sich die Bayernkönige verschiedene ihrer Münchener Großbauten in diesem Palaststil errichten. Der

Links: Blick vom Piazzale Michelangelo auf den Ponte Vecchio und den Arno.
Links unten: Blick von den Uffizien auf den sich im Arno spiegelnden Ponte Vecchio.
Unten und ganz unten: Samstagmorgen auf dem Ponte Vecchio mit seinen vielen Schmuckläden.

Palazzo Medici-Riccardi birgt ein Kunstjuwel: die Cappella dei Magi mit einem restaurierten Freskenzyklus von Benozzo Gozzoli aus dem 15. Jahrhundert.

Der Palazzo Pitti verweist bereits auf das spätere Barock. Hinter der sich fast abweisend darstellenden Fassade, die wie eine Burg wirkt, verbergen sich in der Galleria Palatina Kunstschätze: Gemälde von Rubens und Tizian, von Bronzino und Tintoretto. Nur wenig besucht ist unbegreiflicherweise das Museo degli Argenti mit kostbaren Kunstwerken aus Silber.

Hinter dem Palazzo Pitti liegt die grüne Lunge von Florenz. Die Boboligärten bieten auf 45 000 Quadratmetern barocke Pracht, alte Grotten und Skulpturen, versteckte Treppen, Nischen und Terrassen mit herrlichen Ausblicken auf die Stadt und die sie umgebenden Hügel.

Meisterwerke der Renaissance

Die vielen Kirchen der Stadt sind in gewisser Weise auch Museen. In ihrem Inneren werden Kunstwerke aufbewahrt, die zu den Meisterwerken der Renaissance gehören. Der Dom wird mit Sicherheit von allen Touristen besucht. Selbst wenn Eintritt verlangt wird, sollte man sich aber unbedingt auch das Baptisterium ansehen, ein romanisches Schatzkästchen direkt vor der Hauptfassade des Doms. Besondere Beachtung verdienen die Pforten dieses achteckigen Gebäudes. Sie stammen von Andrea Pisano und Lorenzo Ghiberti, Namen, die Florenzbesuchern immer wieder begegnen.

So auch in San Lorenzo, einem der wichtigsten Bauwerke der Frührenaissance. Das Kircheninnere bietet viele der bedeutenden Namen der Kunstgeschichte. Brunelleschi entwarf die alte Sakristei,

1 Mode in der Via Strozzi.

2 Taschenmode an der Piazza della Repubblica.

3, 5, 6, 7 und *10* Die Via Tornabuoni ist die eleganteste Einkaufsstraße von Florenz.

4 Elegantes Schuhgeschäft in der Via de Guicciardini.

8 Handschuhe in der Via Por Santa Maria.

9 Papeterie mit typischen selbst gemachten Büchern in der Via de Bardi.

10 Bei »Panini Tartufati« ist die schlanke Linie in Gefahr.

6

7

PANINI TARTUFATI

PROCACCI

5

8

9

10

47

Der Palazzo Pitti (unten) ist der größte Palast in Florenz. Mitte des 15. Jahrhunderts wurde er im Auftrag von Luca Pitti begonnen, er sollte alle Paläste der Stadt in den Schatten stellen. Als gigantische Baukosten die Familie Pitti ruiniert hatten, kauften die Medici den Palast auf. Durch den Haupteingang (rechts) gelangt man in den Innenhof und zu den Museen und Galerien, wie zum Beispiel die Galleria Palatina (großes Bild) und das Medici-Schlafgemach (rechts unten). Den Boboligarten (unten) ließen die Medici anlegen.

das ein harmonisches Meisterwerk des frühen 15. Jahrhunderts ist. Großartig sind die Medici-Kapellen mit ihren prachtvollen Marmorsarkophagen. Besondere Beachtung verdienen die vielen marmornen Einlegearbeiten, auf die sich seit der Renaissance viele Handwerkerfamilien in Florenz spezialisiert haben. Von der Kirche aus geht es in die Biblioteca Medicea Laurenziana, die nach einem Entwurf von Michelangelo errichtet wurde. Die Eingangshalle mit ihrem Treppenaufgang zur Bibliothek wurde zum Vorbild für viele Treppenaufgänge in späteren Jahrhunderten.

Typisch florentinisch präsentiert sich die spätromanische Fassade von San Maria Novella: ein Patchwork aus Marmor. Im Kircheninneren befindet sich ein berühmter Freskenzyklus von Domenico Ghirlandaio. Kloster, Kirche und auch ganz offiziell Museum ist San Marco. Die Gemäldesammlung bietet Highlights der Renaissance, so von

Lorenzo Monarco, von Beato Angelico und vielen anderen. Spätestens hier besteht die Gefahr, dass sich der sogenannte Stendhalsche Effekt einstellen könnte: ein zum ersten Mal im 19. Jahrhundert diagnostiziertes Schwindelgefühl, das zu einem Ohnmachtsanfall werden kann, Ohnmacht, angesichts von zu viel und zu bedeutender Kunst.

Wem es nicht schwindelt, der sollte unbedingt auch noch die Galleria dell'Accademia aufsuchen, ein Museum, das vor allem wegen des Originals von Michelangelos David berühmt ist, der in einem eigenen Saal auf einem Sockel steht und den neuen Menschen der Renaissance repräsentiert, der sich nicht nur von seiner Kleidung befreit hat, sondern auch von den moralischen Gängelbändern der katholischen Kirche, die immer etwas an dieser totalen Nacktheit auszusetzen hatte. Nackte Männer und Frauen sowie Tierskulpturen in Bronze und in Marmor bietet das Nationalmuseum Bargello.

Diese Skulpturensammlung der Renaissance ist wohl mit Abstand die faszinierenste in ganz Florenz.

Gotisch ist hingegen Santa Croce, errichtet im 13. Jahrhundert nach einem Projekt von Arnolfo di Cambio. Hier finden wir das von Vasari geschaffene Grabmal Michelangelos. Das von Renaissancebaumeister Bernardo Rossellino entworfene Grabmal für Leonardo Bruni machte Kunstgeschichte.

Die Kirche verfügt über ein eigenes Museum, in dem das Staunen weitergeht. Zum Museum gehört auch die Capella dei Pazzi, eines der kuriosesten Bauwerke der Renaissance, ein Werk Filippo Brunelleschis. Das große Holzkreuz von Cimabue wurde bei dem katastrophalen Florentiner Hochwasser 1966 schwer beschädigt und konnte trotz jahrelanger Restaurierungsarbeiten nicht in seiner ursprünglichen Schönheit wiederhergestellt werden.

Fortsetzung Seite 54

Die Geburt der Renaissance in Florenz

Durch die Wiederbelebung der Antike zur Weltmacht der Kunst und Kultur

Was ist die Renaissance und warum entstand sie ausgerechnet in Florenz? Um Antworten auf diese beiden Fragen zu geben, sollte man sich das berühmte Baptisterium vor dem Dom in Florenz genau anschauen. Das achteckige Gebäude aus hellem Marmor stammt aus der Romanik, aus dem 11. und 12. Jahrhundert. Einige Elemente sollen bereits in der Spätantike gebaut worden sein, im 4. oder 5. Jahrhundert. Zu sehen sind Pilaster, Bögen und rechteckige Fenster, die von dreieckigen Tympana gekrönt werden. Wir entdecken wichtige Elemente der römischen Baukunst, Elemente, die in der Zeit des Mittelalters fortgeführt wurden, in den gleichen klassischen Proportionen und

mit der gleichen Eleganz wie zu Zeiten der römischen Kaiser. In Deutschland lebte man im 11. Jahrhundert in finsteren Burgen, in Italien trieb die Romanik hingegen spätantike Blüten, aus denen sich später, in bewusster Anlehnung an die noch erhaltenen Bauwerke aus der Antike, ein ganz neuer Stil entwickelte. Die Renaissance, die Wiedergeburt, ist also nichts anderes als eine geistige und künstlerische Bewegung, die bewusst an ältere Kunst- und Bildungstraditionen anknüpfte und sie weiterentwickelte. Die Formen und Werte der griechisch-römischen Antike wurden zur Mode, und selbst die Päpste in Rom stellten sich antike Skulpturen, die heidnische Götter zeigen, in ihre Paläste, um an die Größe römischer

Cäsaren anknüpfen zu können. Im Gegensatz zur mittelalterlichen Einheit zwischen geistlicher und weltlicher Herrschaft entstand während der Renaissance die Vorstellung eines von der geistigen Macht der Päpste und Kleriker unabhängigen Individuums. Der moderne Mensch wollte sich der Kirche nicht

mehr willenlos unterordnen, sondern versuchte, sich die Welt nach seinen Ideen untertan zu machen und sie zu formen. Könige und Fürsten, die auf sich hielten, zelebrierten den Kult antiker Autoren, umgaben sich mit Intellektuellen und fühlten sich wie jene Menschen der römischen Epoche, die auf allen

6

5

Gebieten forschten und experimentierten.

Die italienische Renaissance, Rinascimento genannt, geht auf das 14. Jahrhundert zurück, auf die intellektuelle Bewegung des Humanismus, die sich um eine Wiederbelebung antiker Sprachen und Literatur sowie der Wissenschaften konzentrierte.

Florenz hatte bereits 1397 den ersten Griechischlehrer in ganz Italien nach fast 700 Jahren. Im frühen 15. Jahrhundert entstanden unter reichen Bürgern, Adligen und Künstlern intellektuelle Zirkel, die humanistische Studien betrieben und das von der Kirche propagierte Weltbild infrage stellten.

Künstler und Wissenschaftler wie Leonardo da Vinci entdeckten physikalische Zusammenhänge, die bisher unbekannt oder die seit der Antike vergessen waren. Immer wieder hatten sie gegen die Kirche anzukämpfen, die nicht daran interessiert war, dass um Aufklärung bemühte Menschen Gottes Geheimnisse aufdeckten. Doch der Stein war ins Rollen gekommen, und es gab sogar Päpste, die sich für humanistische Studien interessierten und sie maßgeblich förderten.

Es waren die in jeder Hinsicht selbstbewussten Bürger von Florenz, die Michelangelo mit der Darstellung des David beauftragt hatten, eines nackten, jungen und herausfordernden Mannes, der den Riesen Goliath besiegt hatte, einen Riesen, der für sie in diesem Zusammenhang für die Vorherrschaft Roms und der Päpste stand. Die Tatsache, dass eine Bürgerschaft einen nackten Menschen zum Symbol ihres Staates erhob, zeigt, wie sehr sich das geistige Leben antiken und so auch heidnischen Vorstellungen angenähert hatte.

Die Florentiner Renaissance strahlte zunächst auf ganz Italien aus und wurde mit der Herrschaft der Medicifürsten und dank ihrer internationalen Heiratspolitik, nach ganz Europa gebracht, vor allem nach Deutschland und Frankreich.

1 Viele der Statuen auf der Piazza della Signoria stehen im Zusammenhang mit der Geschichte von Florenz. Reiterstandbild von Großherzog Cosimo I., Neptun von der Fonte del Nettuno, vor dem Palazzo Vecchio: David, Herkules tötet Cacus (von links).
Raub der Sabinerinnen (2) und Perseus mit dem Haupt der Medusa (3) in der Loggia dei Lanzi.
4 Michelangelos Neue Sakristei in San Lorenzo.
5 Herkules und Cacus an der Piazza della Signoria.
6 Nischenskulptur von Leonardo da Vinci an den Uffizien.

Nachfolgende Doppelseite:
Piazza della Signoria mit der Loggia dei Lanzi.

Die meisten Besucher der Stadt Florenz geben sich mit den Bauwerken und Kunstschätzen jener Seite der Stadt zufrieden, die nördlich
des Arno liegt, beim Palazzo Vecchio und den Uffizien. Doch die
andere Flussseite, Oltr'Arno genannt, mit ihren stillen Gassen und
kleinen Plätzen, den weniger besuchten Kirchen und Palästen verführt vielleicht noch mehr. Hier kann man noch in Stille große Kunst
genießen. In Santa Maria del Carmine zum Beispiel schuf Masaccio
seinen vielleicht schönsten Freskenzyklus.

Einen Einblick in das ganz private Leben bietet sich im Palazzo
Davanzati. In der streng wirkenden Residenz aus dem 14. Jahrhundert wird anhand von Möbeln, Handwerks-, Alltags- und Kunstgegen-
ständen das Ambiente einer kunstsinnigen Florentiner Bürgerwoh-

nung vorgeführt. Einen Spaziergang auf dieser Seite des Flusses sollte man bei Sonnenuntergang am Lungarno Guicciardini beenden. Der Ponte Vecchio zeigt sich im letzten Sonnenlicht rot-golden.

Mode von Gucci bis Armani

Doch Florenz ist nicht nur Kunst. Um Stendhalschen Effekten oder ganz vulgären Ermüdungserscheinungen vorzubeugen, sollte der Stadtbesuch aufgelockert werden, beispielsweise mit einem ausgedehnten Schaufensterbummel. Florenz ist in Italien eine Shoppinghochburg, vor allem für Mode und raffiniertes Kunsthandwerk. In der Via Tornabuoni finden sich die großen Namen wie Gucci und Ferragamo, Versace und Armani. Doch weitaus interessanter sind die zahlreichen historischen Boutiquen. »Ogolini« fertigt seit 1904 elegante Handschuhe für Frau und Mann. Die Papierherstellung ist eine alte Kunst in Florenz. Seit 1856 produziert die Familie Giannini Papier und handgemachte Bücher. Seit 1850 mischt die »Profumeria inglese« die verschiedensten Ingredienzien für edle Duftwässerchen zusammen. Der elegante Florentiner kleidet sich seit 1884 bei »Neuber«, und seit 1612 vertreibt die »Officina di Santa Maria Novella« Parfüms und handgemachte Seifen.

Schuhliebhaber kommen in Florenz voll auf ihre Kosten. Stefano Bremer fertigt Schuhe vom Feinsten, nicht billig, aber ein unbedingtes Muss für den eleganten und extravaganten Signore. Damenschuhe,

besonders sexy produziert, ebenfalls von Hand natürlich, bietet Marco Candido, und Paola da Lungo hat sich auf extravagante Damenstiefel spezialisiert.

Restaurants von teuer bis trendy

Auch in puncto Essen und Trinken ist Florenz die Hauptstadt der Toskana. Die meisten der guten Restaurants und Trattorien sind nicht gerade preiswert, aber Italien ist im Ganzen kein Land mehr für Rucksacktouristen, es sei denn, man verzichtet auf einige wesentliche Erlebnisse – und dazu gehören auch die vielen köstlichen Gerichte und großen Weine.

Unbestrittener Tempel der Florentiner Gastronomie ist die Enoteca Pinchiorri. Madame Annie Feolde, eine Französin, hat die klassische toskanische Küche auf eine solche Spitze getrieben, dass ihre Gerichte in allen Gastro-Guides die höchsten Punktzahlen erhalten. Leider ist es bei Annie teuer, sehr teuer. Preiswerter geht es im Beccofino zu. Das moderne Restaurant ist sehr trendy. Zu empfehlen sind hier vor allem die ausgezeichneten Fischgerichte, zu denen frische und leichte toskanische Weißweine getrunken werden.

Typische Florentiner Restaurants sind die Trippai, die ausschließlich Trippa zubereiten, das sind Kutteln. Sicherlich kein Gericht für jeden Geschmack, doch die Trippai Orazio Nencioni bei der Loggia del Porcellino oder auch Marco Bolognesi in der Via Gioberti bereiten Kutteln zu, die ausgezeichnet schmecken.

Wer toskanische Weine sucht, aber nicht die Zeit hat, die einzelnen Weinbauern der Toskana zu besuchen, sollte einen Sprung zu Millesimi machen. Hier gibt es das größte Weinangebot der Stadt – über 1000 verschiedene Etiketten sind im Angebot.

Florenz ist von Hügeln umgeben. Diese grünen Hügel, malerisch mit schlanken Zypressen und Schirmpinien bewachsen, werden seit den Tagen der Medici von den Reichen und Mächtigen bewohnt. Hier errichteten sie, vor allem bei Fiésole, außerhalb der Stadt und mitten in einer kunstvoll gezähmten Natur ihre Residenzen. Noch heute zieht sich hierher während der Sommermonate das betuchte Bürgertum zurück.

Idyllische Gärten und Parks

Die Umgebung von Florenz sollte man von Villa zu Villa, von Park zu Park erkunden. Auf diese Weise bekommt man einen eindrucksvollen Einblick in das Landleben der ganz besonders feinen Art.

Die Villa Gamberaia bei Settignano gehört der Familie Zalum. Ein magischer Ort. 1610 wurde der erste Park der Villa angelegt. Seitdem wurde er immer größer und prächtiger. Eine Zypressenallee führt zur Villa und dann in verschiedene Ziergärten, die sich, ganz im Stil des italienischen Barock, fein säuberlich geordnet und in beschnittener Natur präsentieren. Einen typischen Barockgarten bietet die Villa

Corsi Salviati in Sesto Fiorentino. Dieser Garten besitzt auch ein Heckenlabyrinth und ein Gemüsetheater, Blumenterrassen und einen kleinen englischen Landschaftsgarten.

Der wichtigste toskanische Landschaftspark gehört zur Villa Demidoff in Pratolino, nördlich von Florenz. Wie nur in wenigen anderen Gärten kann man in diesem mehrere Hektar großen Park die Entwicklung der Geschichte europäischer Gartenkunst nachempfinden. Es gibt einen Garten der späten Renaissance, aber auch Land-schaftsszenen im Stil der englischen Romantik, wo eine pseudonatürliche Anordnung der Bäume und Büsche zelebriert wird, die auf den Betrachter eine ungemein beruhigende Wirkung ausüben.

Nicht für ihren Garten oder Park ist die Villa in Poggio a Caiano berühmt. Diese Medici-Villa, 1485 nach einem Entwurf von Giuliano da Sangallo für Lorenzo den Prächtigen errichtet, wurde zu einem Vorbild für viele spätere Villen. Das zweistöckige Gebäude mit einer relativ schmucklosen Fassade, nur unterbrochen von einem Tympa-

*Oben: **Giardino Bardini, eine grüne Oase am Hang des linken Arnoufers in Florenz.**
*Rechte Seite: **Die etruskische Stadt Fiésole wurde im 7. Jahrhundert v. Chr. gegründet. Den 1028 begonnenen Dom San Romolo ziert ein mächtiger Glockenturm. Von Fiésole aus hat man einen wunderbaren Blick auf das etwa acht Kilometer entfernte Florenz.***

non, das von sechs Säulen getragen wird, erhebt sich auf einer Galerie aus Bögen und ist über zwei geschwungene Treppen zu erreichen. Die Fassade wirkt ungemein elegant.

Auch mitten in Florenz gibt es, neben dem Boboli, weitere unbekannte Gärten, in die sich nur sehr selten Touristen verirren. Da ist zum Beispiel der Giardino Bardini, ein geheimes Fleckchen Grün, das, eben weil es nur wenig gepflegt wird, verwunschen wirkt, ein Garten auf mehreren Ebenen mit zahlreichen Statuen und Vasen, vielen Bäumen und Büschen. Eine Oase mitten in der Stadt.

Ein romantischer Stadtpark ist der Giardino Torrigiani bei der Piazza Tasso. Der französische Landschaftsgärtner Luigi de Cambray Digny legte ihn im damals modischen Stil der Romantik an, das war 1813. Der Umstand, dass der Park nur nach Anmeldung besichtigt werden kann, macht auch ihn zu einer Ruheoase.

Oben und rechts: Der Giardino di Boboli ist der größte Park in Florenz. Er erstreckt sich hinter dem Palazzo Pitti bis zur Porta Romana und hinauf bis zum Forte Belvedere. Mit Laubengärten und Zypressen- alleen, Wasserspielen und Teichen, Treppen und künstlichen Grotten, dem Amphitheater und Hunderten von Marmorstatuen gilt der Boboligarten als einer der schönsten Gärten Italiens. Benannt ist er nach dem Hügel gleichen Namens, auf dem er angepflanzt wurde.

Ribollita, Bistecca und Panforte

Einfach, ländlich, regional und frisch zubereitet: die Florentiner Küche

Die traditionelle Küche der Arnostadt ist nie Haute Cuisine gewesen, auch wenn ihre Klassiker seit einiger Zeit wie die ganz große Küche präsentiert werden. Man kann ausgezeichnet in eleganten Restaurants speisen, aber auch in einfachen Gasthäusern und dies zu wesentlich niedrigeren Preisen. Die toskanische Küche verwendet die regionalen, natürlichen Produkte, die nicht, wie in der französischen Küche, wesentlich verändert werden. Man richtet sich an den Jahreszeiten aus und kocht, was auf den Märkten, von denen es in Florenz malerische Beispiele gibt, frisch angeboten wird.

Ein »pranzo«, das ist ein Mittagessen, beginnt in der Regel mit einem Teller »prosciutto toscana«, einem Toskaner Schinken von freilebenden Schweinen, stark gepökelt und getrocknet. Dazu isst man »pane sciocco«, Weißbrot ohne Salz. Danach sollte man eine »finocchiona« probieren, eine köstliche Wurst aus fein gehacktem Rind- oder Schweinefleisch mit Bauchspeck und Fenchelsamen. Als Vorspeisen werden auch »crostini di fegato« und »carciofini della Val di Cornia« serviert, kleine geröstete Weißbrotscheiben mit Leberpastete und zart gekochten Artischocken aus dem Corniatal. Eine echte Spezialität ist auch eine Scheibe »buristo fritto«, eine frittierte und stark gewürzte Wurst aus Blut, Eingeweiden und Schmalz vom Schwein, nicht jedermanns Sache, aber herzhaft und lecker.

Unter den ersten Gängen der Florentiner Küche bestechen vor allem die »pappardelle«. Die rechteckigen, länglichen Bandnudeln aus Hartweizengrieß sind hausgemacht und werden mit verschiedenen Soßen serviert. Lecker schmecken auch die »gnudi«, kleine Kartoffelbällchen mit Spinat und Ricottakäse. Echt florentinisch ist die »ribollita«, eine kräftige Suppe aus Bohnen und Schwarzkohl

mit geriebenem Parmesankäse bestreut und im Ofen überbacken. Florentiner sind echte Meister im Zubereiten von Suppen. Probieren sollte man auch die »panzanella«. Das ist ein Gericht aus altbackenem Brot mit Tomaten- und Selleriestücken, Zwiebelringen und Sardellenfilets mit Öl und Essig angemacht. Die »panzanella« wird warm oder auch kalt serviert. Bei den Hauptgerichten domi-

Nüssen oder einige »cantucci di Prato«, trockene Mandelkekse mit Pinienkernen und Anissamen, die in den süßen Dessertwein »Vin Santo« getunkt werden.

1, 3 und *7 In das Café Gilli an der Piazza della Repubblica gehen die Florentiner Kaffee trinken und genießen allerlei Leckereien.*
2 In der Trattoria Bordino nahe dem Ponte Vecchio verpflegen sich die Angestellten der umliegenden Geschäfte. 4 Das Delikatessen- und Weingeschäft Procacci »Panini Tartufati« in der Via de Tornabuoni.
5 Pizzeria-Auslagen in der Altstadt.
6 Theke mit Gerichten in einem Florentiner Restaurant. 8 Livorno.
9 Gemütliche Trattoria Il Lecchio in San Angelo in Colle.

Nachfolgende Doppelseite:
Der Campo dei Miracoli in Pisa mit Campo Santo, Baptisterium, Dom und Schiefem Turm.

nieren Fleischspezialitäten, Hasenfilet süßsauer, das »lepre in agrodolce«, oder verschiedene Wildschweinzubereitungen.
Eine echte Spezialität ist die »trippa alla fiorentina«, Florentiner Kutteln, die nur mit frischer Tomatensauce und Olivenöl gegessen werden. »Arista di maiale« ist ein eingerolltes Schweinskarree am Knochen, mit Rosmarin, Fenchelsamen und Knoblauch gespickt und am Spieß

oder im Ofen gebraten. Schmeckt auch kalt ausgezeichnet.
Weltweit berühmt ist natürlich das »bistecca alla fiorentina«, das bis zu 500 Gramm wiegen kann. Dieses Beefsteak ist ein Lendenstück oder Filet von sehr jungen Rindern, möglichst aus dem toskanischen Chianatal, weshalb solche Steaks auch »Chianina« genannt werden. Sie sollten nicht in der Pfanne, sondern auf dem Grill oder einer

heißen Platte gebraten werden. Und wer nach so einem deftigen Mahl noch Appetit auf ein »dolce«, eine Süßspeise, hat, der sollte auf jeden Fall »brigidini« probieren, kleine und heiße Aniswaffeln, oder aber eine »schiacciata con uva«, einen Fladen aus Brotteig mit Zucker und Weintrauben. Klassiker sind eine Scheibe »Panforte di Siena«, eine Art Lebkuchen mit kandierten Früchten, Mandeln und

Unberührte Natur
und viel Schokolade

Der Norden

Ganz oben: Motiv von der Westfassade des Doms von Pisa. Mitte: Campo dei Miracoli mit dem Baptisterium und dem Dom von Pisa. Oben: Und nach dem Kunstgenuss stärkt man sich in einem der vielen Lokale. Rechte Seite: Der Schiefe Turm aus Carraramarmor ist 54 Meter hoch und hat sieben Glocken.

Pisa hat mehr zu bieten als nur den Schiefen Turm. Am Stadtrand kann man sogar 2000 Jahre alte Schiffe ansehen, und das, obwohl das Meer einige Kilometer entfernt ist. Gefunden wurden sie vor wenigen Jahren von Bauarbeitern unter Schutt und Erde bei Grabungsarbeiten. Die staatliche Eisenbahngesellschaft wollte eine neue Schienentrasse verlegen. Als man das Erdreich aushob, entdeckten Arbeiter nasses Holz. Zuerst wurde der Vorarbeiter, dann der leitende Ingenieur und schließlich ein Archäologe von der Universität in Pisa herbeigerufen. Der Fachmann staunte, kehrte in seine Uni zurück und rückte mit einem Heer von Mitarbeitern an. In seinen Händen flatterte ein Schreiben des »superintende per le antichità«, des städtischen Kunstschützers, eines in Italien immer dann mächtigen Beamten, wenn Antikes im Erdreich gefunden wird. Auf seine Weisung hin wurde die Baustelle gesperrt. Ab sofort durften nur noch Archäologen und ihre Studenten in der Erde buddeln. Die Bahngesellschaft musste ihre Trasse woanders verlegen.

Was die Archäologen aus der Erde holten, zeigte sich als einer der spektakulärsten archäologischen Funde der letzten Jahrzehnte weltweit. Zunächst wurde ein fast vollständig erhaltenes Schiff aus dem 4. Jahrhundert n. Chr. ausgegraben. Dann kamen weitere Schiffe, insgesamt 20, ans Tageslicht. Die Feuchtigkeit im Erdreich hatte an dieser Stelle römische Handelsschiffe konserviert. In ihren Bäuchen wurden Amphorenladungen mit Weizen- und anderen Getreideresten entdeckt. Sogar die hölzernen Ruder der Sklaven waren fast ganz erhalten geblieben. Was war geschehen?

Nach dem Untergang des Römischen Reiches im 5. Jahrhundert versandete der verlassene Hafen des antiken Pisa. Die alten großen Handelswege lösten sich in den politischen Wirren jener Zeit auf, die

ungewarteten Schiffe versanken im Wasser, aus dem Wasser wurde mit der Zeit Schlamm – und der Ort des Hafens wurde schließlich vergessen.

Die ausgegrabenen römischen Handelsschiffe sind jetzt an einigen Tagen der Woche und auf Anfrage zu besichtigen. Geplant ist der Bau des größten europäischen Museums für antike Schiffe, doch bis es so weit ist, fasziniert schon der Anblick der antiken Funde an ihrer Ausgrabungsstelle.

Mehr als nur ein schiefer Turm

Von den römischen Schiffen bis zum Schiefen Turm, »La torre«, dem Wahrzeichen von Pisa, ist es nicht weit. In den letzten Jahren wurde das architektonische Meisterwerk aus dem 12. Jahrhundert mit aufwendigen neuen Techniken und mithilfe eines internationalen Expertenteams ganz langsam wieder aufgerichtet. Die seitliche Neigung, die fast zum Umstürzen geführt hätte, konnte deutlich reduziert werden. Jetzt dürfen schwindelfreie Touristen, wenn auch nur an wenigen Tagen der Woche, den Turm wieder besteigen.

Der Blick vom Schiefen Turm auf den Campo dei Miracoli, den Platz der Wunder, ist umwerfend. Da ist zunächst der mächtige Dom aus dem 12. und 13. Jahrhundert, auch er, wie die übrigen Gebäude, ein Glanzpunkt der italienischen Romanik. Im Inneren des Kirchenschiffs bestechen vor allem die Werke romanischer Bildhauer. Sie vermochten Personen und Szenen bereits so realistisch darzustellen, dass Kunsthistoriker in Bezug auf die italienische Romanik von einer Vorrenaissance sprechen. Ein gutes Beispiel für diese kunsthistorische These ist die marmorne Kanzel von Giovanni Pisano (um 1250 bis etwa 1320). Die auf ihr dargestellten Personen zeigen realistische Gesichtszüge, sie drücken Emotionen aus.

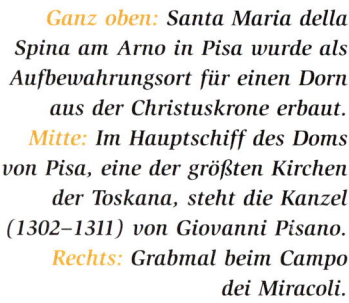

Ganz oben: Santa Maria della Spina am Arno in Pisa wurde als Aufbewahrungsort für einen Dorn aus der Christuskrone erbaut. Mitte: Im Hauptschiff des Doms von Pisa, eine der größten Kirchen der Toskana, steht die Kanzel (1302–1311) von Giovanni Pisano. Rechts: Grabmal beim Campo dei Miracoli.

Vollendet in seinen Formen ist das Baptisterium aus dem 12. Jahrhundert, die kreisrunde Taufkapelle. Ihre Kuppel hat an der Basis einen Durchmesser von 18 Metern. Nördlich des Doms und des Baptisteriums befindet sich hinter einer hohen, aus hellem Marmor errichteten romanischen Mauer der Camposanto, der Friedhof. Die Gebäude dieses Friedhofs wurden während des Zweiten Weltkriegs aus unbegreiflichen Gründen von alliierten Kampfflugzeugen bombardiert. Seit Jahren werden die schwer beschädigten Fresken aus der Zeit der Renaissance aufwendig restauriert.

Pisa litt schwer unter dem letzten Krieg. Die meisten Wunden wurden in der historischen Altstadt geschlagen. Doch lässt sich noch anhand der zahlreichen erhaltenen Bauwerke der ehemalige Glanz

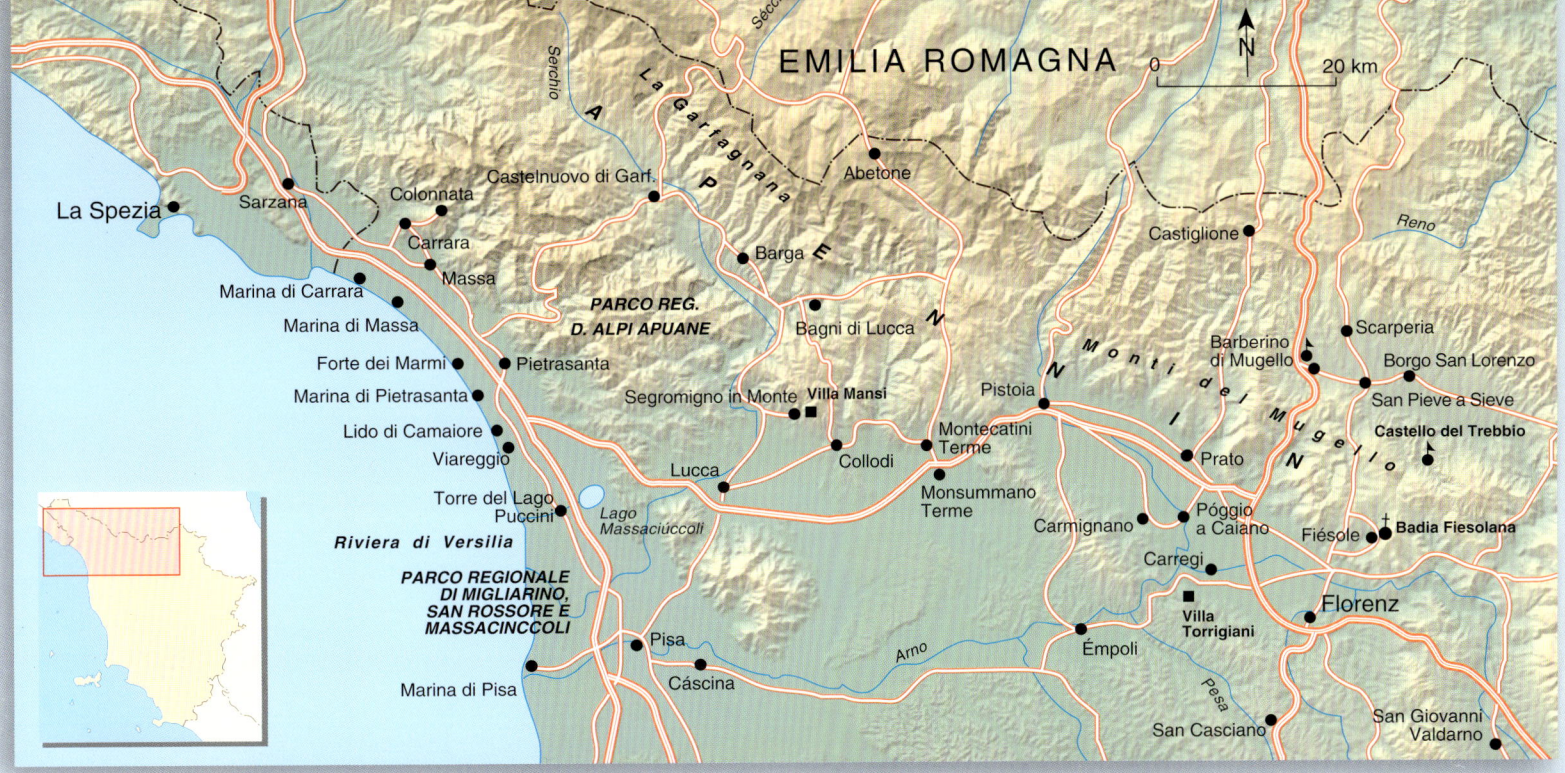

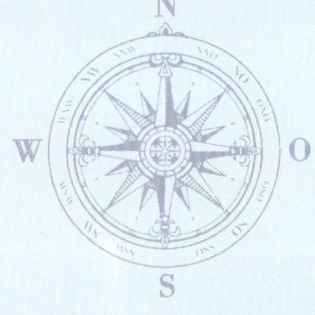

San Rossore

Nicht nur Pinien und Pinienkuchen

Der Parco Regionale di Migliarino, San Rossore e Massa-ciúccoli ist ein echtes Erlebnis für die ganze Familie. Vor allem für jene Urlauber, die sich nicht nur am Strand der Versiliaküste in der Sonne aalen wollen. Der 23 000 Hektar große Regionalpark setzt sich aus verschiedenen Landschaftstypen zusammen. In der ehemaligen Tenuta Presidenziale, wo in früheren Jahren Italiens Staatspräsidenten Ferien machten, kann man ganz wunderbar Rad fahren, ausreiten und mit dem Kutschwagen die Gegend erkunden. Von hier kommen auch die berühmten Pinienkerne, die in den Konditoreien der Umgebung für Torten und Törtchen verwendet werden, wie zum Beispiel für den ungemein leckeren Ricottakuchen mit Honig und Pinienkernen. Die Pinienkerne von San Rossore sind seit dem 19. Jahrhundert unter Italiens Feinschmeckern ein Begriff. In der Oasi Lipu des nationalen Vogelschutzbundes, Teil des Regionalparks, wurden Spazierwege angelegt, die mit allem ausgerüstet sind, was man benötigt, um Vögel beobachten zu können. Bei Massaciúccoli lassen sich die imposanten Ruinen einer grandiosen römischen Villa aus dem 1. Jahrhundert erkunden.
Infos: Ente Parco Regionale, Via Aurelia Nord 4, Pisa, Tel. 050-525500

Links: **Die mittelalterliche Kanzel im Dom von Barga wird Guido da Como zugeschrieben.**

Oben: **Fabrikation in der Cioccolateria Bruno Corsini, Pistoia. Seit 1918 fertigt man hier Spezialitäten aus Zucker und Schokolade.**

der im Mittelalter politisch einflussreichen autonomen Seerepublik ermessen. Im Museo Nazionale di S. Matteo befinden sich Skulpturen, Fresken und Gemälde aus dem Mittelalter und der frühen Renaissance, einer Epoche, in der Pisa genauso mächtig und reich war wie Florenz. Diese Epoche endete, als die Medici 1406 Pisa und die übrige Toskana unter ihre Herrschaft brachten.

Man sollte einen ausgedehnten Bummel durch die Altstadt unternehmen. Vielleicht vom Schiefen Turm aus, vorbei an alten Palazzi durch die Via Santa Maria zur Piazza dei Cavalieri, über eine der Brücken zur romanisch-gotischen Kirche S. Maria della Spina, die direkt am Arno wie ein großes Schmuckkästchen wirkt. Ein kurioses Gebäude, bei dem die klaren architektonischen Formen der Romanik mit den himmelwärts strebenden gotischen Bauelementen eine in Italien seltene Mischung eingehen.

Einen schönen Dom mit verschiedenen Kunstwerken der Renaissance gibt es in Pietrasanta zu besichtigen, südlich von Massa, im Hinterland der Versiliaküste. Hier, wie überall in dieser Gegend, sind alle, wirklich alle Gebäude aus dem blütenweißen Marmor von Carrara errichtet worden, der seit Menschengedenken in der Region abgebaut wird. Sogar die Bordsteine der Straßen sind aus jenem Marmor, für den Bankiers in New York und Scheiche in Saudi-Arabien Unmengen von Geld ausgeben.

Strandurlauber sollten auch Lucca besuchen, eine architektonische Perle, auf die zum Glück nie eine Bombe abgeworfen wurde. Vom Meer aus ist es mit dem Wagen nicht weit dorthin. Noch heute umringt eine mittelalterliche Mauer die oval geformte Stadt. Ein Tipp: Mieten Sie ein Fahrrad und umkreisen Sie Lucca auf den ehemaligen Befestigungsanlagen, die heute weitgehend begrünt sind und herrliche Ausblicke auf Plätze, Dächer und Kuppeln bieten.

Mondänes Baden an der Versiliaküste

Von Pisa ist es nicht weit zur Versilia, dem nördlich von Pisa gelegenen Küstenstreifen. Zwischen Viareggio und Marina di Carrara reihen sich wie Perlen an einer Kette einstmals mondäne Seebäder aneinander. Viareggio selbst ist nicht nur wegen seiner feinen Sandstrände ein Begriff, sondern vor allem wegen seines Karnevals, der hier, wie an keinem anderen Ort in Italien, mit ausgelassenen Umzügen und Festen begangen wird.

Nicht weit von Viareggio lebte in Torre del Lago Giacomo Puccini (1858–1924), der unbestrittene Meister der italienischen Oper im frühen 20. Jahrhundert. Seine Werke »La Boheme« und »Turandot« wurden weltberühmt. Am Lago di Massaciúccoli kann die Casa di Puccini, sein letztes Wohnhaus, besichtigt werden. Ein heiliger Ort für Opernfreunde aus aller Welt. In Torre del Lago wird jedes Jahr ein Puccini-Festival ausgerichtet, ein unbedingtes Muss für alle Liebhaber der Opern dieses Maestros. Zu empfehlen ist allerdings ein wirksames Mückenschutzmittel, denn die Veranstaltungen auf der riesigen Freilichtbühne können oftmals wegen der im Sommer vielen stechenden Insekten nicht richtig genossen werden.

Die Versiliaküste gilt seit den 30er Jahren als schick. Damals siedelten sich in den Badeorten Italiens Industriekönige an, allen voran die Familie Agnelli, der das Autohaus Fiat gehört. Sie wetteiferten mit dem reichen Adel um die schönsten Villen in Strandnähe. Heute wirken Forte dei Marmi, Marina di Pietrasanta und der Lido di Camaiore ein wenig démodé, ein bisschen angestaubt, doch sie präsentieren sich ihren Besuchern immer noch als ungemein aufgeräumte Badeorte, die vor allem für Familien geeignet sind. Ihre Strände gehören zu den gepflegtesten ganz Italiens.

Linke Seite: Im zweistöckigen Baptisterium von Pisa befindet sich die um 1260 vollendete, berühmte Marmorkanzel von Nicola Pisano.

Oben: Entspannendes Strandleben in Viareggio, das für seine breiten und feinsandigen Strände bekannt ist. Viareggio ist der größte Badeort an der Versilia.

Links: Jachten und Fischerboote in Viareggio am Burlamacca-Kanal, der aus dem Puccini-See kommt und den Binnensee mit dem Meer verbindet.

Das Tal von Lucca

Lucca ist eine Hochburg der italienischen Romanik. Der Dom und San Michele in Foro gehören zu den schönsten Beispielen dieser kunsthistorischen Epoche: heller Marmor und viel Säulen- und Skulpturenschmuck. Im Dom befindet sich ein seit Jahrhunderten hochverehrtes Grab für die im frühen 15. Jahrhundert verstorbene Ilaria del Carretto, einer bildschönen jungen Frau. Viele italienische Liebespaare pilgern zu ihrem Mausoleum, um sich dort ewige Treue zu schwören.

Lucca geht auf eine römische Gründung zurück. Das wird an den vielen noch heute nahezu schnurgeraden Straßen deutlich. Sie bieten mittelalterliche Paläste und schöne kleine Geschäfte, Konditoreien und Kaffeebars. Ein urbanes Paradies, fast ganz ohne Autos. In einer ehemaligen antiken Arena wird heute der tägliche Markt abgehalten, auf der pittoresken Piazza del Mercato. Man sollte sich Zeit nehmen für Lucca. Das Städtchen muss ergangen werden, nur so erschließt sich sein ganzer Charme und seine verführerische Provinzialität.

Von Lucca aus fährt man etwa 40 Minuten über eine Hauptstraße in nördlicher Richtung in die kleine Ortschaft Barga. Hier wird in jedem Sommer von einem engagierten Briten ein kleines, aber feines Musikfestival ausgerichtet. Es gibt ein Minitheater, in dem sogar Opern aufgeführt werden.

Barga ist ein guter Ausgangspunkt zum Wandern in der Umgebung. Der Parco Naturale dell'Orecchiella bietet alpenähnliche Berge, tiefe Täler, viel Wald und unberührte Natur. Da die Wanderwege, wie fast überall in Italien, nur unzureichend ausgezeichnet sind, sollte man sich eine sehr gute Wanderkarte besorgen und erst dann - am besten mit Kompass - losmarschieren.

In der Nähe von Lucca lebt der Mythos von Pinocchio. Dass das Holzmännchen aus Italien kommt, wissen viele Deutsche. Aber wer weiß schon, dass sich der Autor von Italiens berühmtester Märchen-

figur den Namen der Ortschaft Collodi als Pseudonym gab? Mit dieser Entscheidung machte Carlo Lorenzini (1826–1890) Collodi zum Anziehungspunkt von Kindern und anderen Pinocchiofans. So gibt es natürlich einen Pinocchio-Park zu besuchen, ein Heidenspaß für Kinder, und die Villa Garzoni, an der vor allem Erwachsene ihre Freude haben: eine barocke Villa mit einem in verschiedenen Terrassen ansteigenden barocken Garten.

Auf dem Weg von Lucca nach Montecatini Terme ist Collodi bequem zu erreichen. In Montecatini Terme traf sich um die Wende vom 19. zum 20. Jahrhundert die italienische Schickeria zum Kuren. Die erste Thermalanlage wurde allerdings zu Ehren eines Österreichers errichtet, die Terme Leopoldine. Das war 1775. Seit 1737 herrschten die Österreicher in Person von Franz Stephan von Lothringen, dem späteren Kaiser Franz I., über die Toskana. Die Familie

Medici hatte nach dem Tod des kinderlosen Gian Gastone Medici ihre Rechte über das Großherzogtum verloren.

Nach den österreichischen Kurgästen kamen die Italiener. Vor allem nach der italienischen Staatseinigung in den 60er Jahren des 19. Jahrhunderts. Damals entstanden das luxuriöse Hotel Excelsior im Stil des italienischen Jugendstils, Liberty genannt, und die Terme Tettuccio mit ihrem eklektischen Baustil, der verschiedene Architekturrichtungen in sich vereint.

Auch im nahen Monsummano Terme gibt es Kuranlagen, aber in dieunscheinbare Kleinstadt fährt man nicht zum Baden. In Monsummano Terme lebt und arbeitet Andrea Slitti, einer der besten Chocolatiers Europas. Seine Schokoboutique bietet wenig toskanischen Charme, aber Leckereien, für die Kenner sogar aus Florenz anreisen.

Links: Dom San Zeno in Pistoia. Links unten: Baptisterium aus dem 14. Jahrhundert an der Piazza del Duomo in Pistoia. Unten: Die schönste Kuranlage in Montecatini Terme ist die berühmte Terme Tettuccio (1925–1928). Nachfolgende Doppelseite: Piazza del Duomo in Pistoia mit dem wuchtigen Campanile, der im 12. Jahrhundert als Wachtturm errichtet wurde.

Im Schokoladenparadies

Wer Schokolade mag, sollte auch nach Pistoia reisen. Pistoia präsentiert sich mit vielen bemerkenswerten historischen Gebäuden, aber die Kleinstadt ist, und nur wenige Italienreisende wissen das, eine der italienischen Schokoladenhochburgen.

Die Läden liegen nicht alle im Kern von Pistoia, sondern auch schon einmal in einer weniger attraktiven Gegend oder an einer Ausfallstraße. Roberto Catinari war der Erste, der hier das Handwerk des Schokoladenmeisters einführte. Als junger Mann wanderte er in die deutschsprachige Schweiz aus und erlernte dort sein Handwerk. In den letzten Jahren folgten seinem Beispiel verschiedene Mitbürger und wurden ebenfalls Chocolatiers. Ein Traditionsgeschäft ist hinge-

gen das Laboratorio Corsini an der verschlafen wirkenden Piazza San Francesco. Neben Schokolade lockt hier seit Anfang des 19. Jahrhunderts ein fantastischer Panforte: ein runder Schokoladenkuchen mit Mandeln, Nüssen und kandierten Früchten.

Der betörende Duft von heißer Schokolade weht dem Pistoiabesucher auch aus den einladenden Cafés auf der Piazza del Duomo entgegen. Gestärkt durch ein paar Kalorienbomben lässt sich das Städtchen viel besser erkunden.

Die Piazza del Duomo ist ein architektonisches Ensemble des späten Mittelalters. Der Dom, das Baptisterium und die verschiedenen Palazzi stammen aus der Romanik und der Gotik. Beachtenswert ist vor allem der Dom mit seiner romanischen Fassade. In der Kirche S. Andrea hinterließ Giovanni Pisano eine seiner unverwechselbaren Kanzeln. Das nicht weit vom Domplatz gelegene Ospedale del Ceppo ist ein altes Krankenhaus aus dem frühen 16. Jahrhundert. Seine ungemein leicht wirkende Loggia, die sich auf schlanken Säulen erhebt, ist ein Meisterwerk der Renaissance.

Unbedingt zu besichtigen ist San Giovanni Fuorcivitas. Die romanische Kirche verfügt über einen Innenraum voll mit Meisterwerken spätmittelalterlicher Kunst, darunter ein ungewöhnlich gut erhaltenes Altarbild von Taddeo Gaddi (um 1295–1366), der wegen seiner aufwendig gestalteten Bildkompositionen als einer der besten Maler seiner Zeit gilt. In Pistoia wurde Marino Marini (1901–1980) geboren, einer der bekanntesten italienischen Bildhauer des 20. Jahrhunderts. Einige seiner Hauptwerke befinden sich in dem Stiftungsgebäude der Fondazione Marino Marini.

Fortsetzung Seite 80

Carrara – ein Synonym für Marmor

Marmor wird in Carrara geschnitten, doch nicht nur. Die Männer, deren Familien seit Jahrhunderten den international begehrten Marmor aus den Apuanischen Alpen schneiden, brechen und bomben, sind harte Kerle. Ein Blick in die Geschichte der Stadt und ihrer Familien beweist das und erklärt, warum Carrara auch »die Stadt der Anarchisten« genannt wird.

Der Name der Stadt Carrara geht zurück auf das alte Wort »kar«, was so viel wie Stein bedeutet. Der Stein hat die Stadt auch geradezu allgegenwärtig geprägt. Schon im Mittelalter gab es eine Art Berufsgenossenschaft der Steinbrecher, die genau festlegte, wer den begehrten Marmor erhalten soll und wer für sie

arbeiten darf. Diese Lobby gab sich auch eigene Regeln und Rechte, die kein Fürst und kein geistlicher Herr antasten durfte. Aus der harten und schlecht bezahlten Arbeit in den Marmorbrüchen, die die Menschen prägte, entstand im 19. Jahrhundert ihre Aufnahmebereitschaft für anarchistische Ideen. In Carrara entwickelte sich nach dem großen Marmorarbeiterstreik 1872 die erste anarchistische Sektion, und das Städtchen wurde ein Hauptort der politisch radikalen italienischen Arbeiterbewegung. Vor der faschistischen Diktatur 1922 gab es in Carrara und Umgebung 28 anarchistische Zirkel! Der faschistische Diktator Benito Mussolini machte diesen den Garaus, aber bis heute sind die Marmorbre-

cher eine Berufsgruppe, mit der nicht unbedingt immer gut Kirschen essen ist.

Michelangelo Buonarroti (1475 bis 1564) wusste mit den Marmor- männern umzugehen. Er kam immer höchstpersönlich, um sich, zusammen mit den Arbeitern, seinen Stein zu brechen. Das brachte ihm Anerkennung ein, er wurde als einer der ihren angesehen und erhielt deshalb den besten Marmor.

Erschlossen wurden die Marmorbrüche bereits von den römischen Kaisern. Viele römische Tempel und Paläste wurden aus dem weißen Stein errichtet. Heere von Sklaven und Zwangsarbeitern arbeiteten im Römischen Reich für große Unternehmen, die ganz Italien belieferten. Man kann von einer

ersten Marmorindustrie sprechen.

Von der Antike bis ins späte 19. Jahrhundert hinein baute man den Stein auf die immer gleiche Weise ab. Zunächst wurden Holzpfähle in den Marmor getrieben. Mit Wasser durchtränkt dehnten sich diese aus und spalteten den Block. Erst der 1895 erfundene Spiraldraht und dann moderne Geräte sorgten für gravierende Veränderungen beim Marmorabbau, doch gefährlich ist der Job immer noch.

In früheren Zeiten wurden die Marmorblöcke auf Karren mit jeweils 20 oder auch 30 Ochsen ins Tal transportiert, eine gefährliche Angelegenheit. Heute befördern Lkws die 30-Tonnen-Blöcke auf Serpentinenstraßen in engen, steilen Tälern zu den

4

städtischen Kunstakademie über die Schultern schauen.

Spannend ist ein Besuch im Marmorbruch von Colonnata in rund 550 Metern Höhe. Ein im Hochsommer sehr erfrischender Ausflug. Im Marmorbruch Fantiscritti bei Colonnata bauten schon die Römer den Stein ab. Interessant ist es, den Marmorarbeitern bei der auch heute noch beschwerlichen Arbeit zuzuschauen.

Rund um Carrara und seine Marmorbrüche gibt es zahlreiche Werkstätten, in denen von kitschigen Madonnenfiguren in allen Ausführungen und Farben bis hin zu raffinierten Kunstwerken jeder sein Mitbringsel finden kann. Wie der Marmor aus Carrara bearbeitet wird, wie aus einem Stein eine Skulptur wird, das kann man in fast allen Werkstätten vor Ort besichtigen.

Aus dem Marmorbrecherort Colonnata kommt auch eine ganz besondere gastronomische Spezialität: der Lardo di Colonnata. Das ist ein würziger Schweineschinken, der mit Gewürzen versehen in Marmorgefäßen reift. Am besten genießt man ihn auf einer dicken und frischen Scheibe Weißbrot. Dazu ein Glas kräftigen Landwein trinken – und das Glück ist perfekt.

1–3 Seit 2000 Jahren wird in den Hügeln um Carrara – dem größten Marmorreservoir der Welt – Marmor abgebaut. Carrara ist weltbekannt für seinen weißen Marmor. Er gilt als der härteste und kostbarste.
4 Fast wie zu Michelangelos Zeiten: Marmorwerkstatt in Carrara.

3

zahlreichen Sägereien am Fuße der Apuanischen Alpen. Vom Marmorstaub, der bei den Schneidearbeiten anfällt, färben sich ganze Bäche weiß.

Carrara besitzt die einzige italienische Gewerbeschule für Marmorhandwerker. Reisende können den Kunststudenten und angehenden Bildhauern in der

Prato – Romanik, Frührenaissance und zeitgenössische Kunst

Keine römische Gründung, wie in Italien üblich, ist hingegen Prato. Das Städtchen wurde zum ersten Mal im 9. Jahrhundert erwähnt. Stauferkaiser Friedrich II. errichtete gegen Mitte des 13. Jahrhunderts das mächtige Castello dell'Imperatore, dessen Reste noch heute besichtigt werden können.

Beim Gang durch Prato fallen die vielen asiatischen Gesichter auf. Rund ein Drittel der Bürger sind Chinesen. Sie kommen nach Prato, um hier Stoffe zu verarbeiten. Ein lukratives Geschäft, das aber viele Italiener nicht mehr interessiert. Die Chinesen setzen damit eine Tradition fort, die ihren Ausgang im 17. Jahrhundert hatte. Damals wurden aufwendig gewebte und gesponnene Stoffe aus Prato in ganz Italien berühmt. Dieses Handwerk machte die Stadt reich. Prato bietet feinstes Mittelalter und Frührenaissance, Romanik und verführerisch blickende Madonnen in den zahlreichen alten Kirchen.

In der Hauptchorkapelle des romanischen Doms hinterließ der Maler Filippo Lippi (1457–1504) einen berühmten Freskenzyklus, der als einer der am besten erhaltenen und schönsten der italienischen Frührenaissance gilt. Verschiedene andere Kapellen des Doms sind von Kollegen Lippis ausgeschmückt worden. Die elegante und in ihren klaren Formen fast spartanisch wirkende Architektur und die ungemein lebendig wirkenden Malereien gehen eine besonders faszinierende Symbiose ein.

Unbedingt zu besuchen ist auch das Museo dell'Opera del Duomo, das Dommuseum, in dem Schätze aus dem Mittelalter und

der Renaissance aufbewahrt werden, die in nichts jenen Kunstwerken nachstehen, die der Reisende in den Museen von Florenz bestaunen kann. Darunter ist auch ein faszinierender Tanz der Putten von dem berühmten Bildhauer Donatello (1386–1466), ein Flachrelief von unschätzbarem Wert.

Aus der Renaissance stammt die im 15. Jahrhundert errichtete Kirche San Maria delle Carceri, ein Werk des berühmten Baumeisters Giuliano da Sangallo (um 1445–1516), der auch am Petersdom in Rom arbeitete. Der Innenraum dieses Gotteshauses besticht durch die von der römischen Antike inspirierten klassischen und ungemein harmonisch wirkenden Proportionen.

Liebhaber moderner und zeitgenössischer Kunst kommen im Museo d'Arte Contemporanea Luigi Pecci auf ihre Kosten. Zu sehen sind Werke von Anish Kapoor und Enzo Cucchi, von Mario Merz,

Linke Seite oben: **Museum für zeitgenössische Kunst in Prato.**
Linke Seite unten: **Barocker Brunnen auf der Piazza del Duomo in Prato.**
Oben: **Mittelalterliches Zentrum – der Domplatz mit Dom Santo Stefano in Prato.**
Links: **Die 1438 von Donatello verzierte Außenkanzel des Doms von Prato.**

Fabrizio Plessi und anderen Meistern der italienischen und europäischen Kunst des 20. Jahrhunderts.

Nobler Ferienort unweit von Florenz

Nur acht Kilometer südlich von Prato liegt Póggio a Caiano. Auch hierhin, wo die Medicifürsten ihren »Urlaub« verbrachten, lohnt ein Abstecher.

Wir sind jetzt nahe bei Florenz. Hier errichteten sich die Medici herrschaftliche Villen, die zu Symbolen einer neuer Epoche wurden, in der die Reichen und Mächtigen ihre städtischen Palazzi verließen, um, auch dies in Anlehnung an antike Vorbilder, die Natur zu genießen. Eine allerdings domestizierte Natur, denn die Formen von Bäu-

men, Büschen und anderen Pflanzen hatten sich dem Geschmack und Ordnungswillen des Renaissancemenschen anzupassen, der sich als das Zentrum der Welt und des Universums verstand.

Póggio a Caiano ist ein gutes Beispiel für eine typische Landresidenz der Medicifürsten. Errichtet wurde die prächtige Villa von Lorenzo dem Prächtigen (1449–1492) nach einem Entwurf des berühmten Renaissancearchitekten Giuliano da Sangallo. In ihrem Inneren zeigt sie einen Freskenzyklus, der die politische Glorie der Medici hervorhebt. Die einzelnen Darstellungen stammen von Jacopo Pontormo, Franciabigio und Andrea del Sarto, den ganz Großen der reifen Renaissancemalerei.

Auf der Fahrt in den Nordosten der Toskana kommen wir in Fiésole vorbei. Rund 300 Meter hoch gelegen ist diese kleine Ortschaft, die seit den Medici ein begehrtes Ziel von Sommerfrischlern ist. In der zweiten Hälfte des 19. Jahrhunderts ließen sich hier auch viele wohlhabende und in die Toskana verliebte Briten nieder, vor allem Kunsthistoriker und Kunstsammler. So entstand in Florenz und Fiésole eine britische Kolonie, die noch heute existiert.

Fiésole bietet einen romanischen Dom. In der Capella Salutati hinterließ Cosimo Rosselli (1439–1507) einen beachtlichen Freskenzyklus und Mino da Fiésole (1429–1484) einige seiner besten Skulpturen. Bicci di Lorenzo (1373–1452) malte ein Altarbild mit einer ergreifenden Madonna und dem Christuskind.

Fiésole hat eine römische Vergangenheit. Im archäologischen Grabungsgebiet zeugen steinerne Reste davon, unter anderem ein Amphitheater. Das Museo Bandini vermittelt einen Eindruck davon, wie einstmals die Villen reicher Kunstsammler von innen aussahen: ein wüstes Gemisch aus Renaissance-Terrakotten, romanischen Madonnen, Gemälden und alten Stoffen sowie Möbeln und Krügen.

Südwestlich von Fiésole locken zwei religiöse Komplexe mit großer Kunst. S. Domenico di Fiésole ist eine Renaissancekirche, in der Ölbilder der berühmtesten Künstler der gesamten italienischen Kunstgeschichte zu besichtigen sind, wie zum Beispiel von Beato Angelico (um 1395–1455), ein Maler, dessen Madonnenbilder in ihrer Bildsprache zu den eindrucksvollsten der Renaissance gehören. In der Badia Fiesolana, einer Klosteranlage aus dem 15. Jahrhundert, ist heute das Europäische Hochschulinstitut (EUI) untergebracht. Trotzdem sollte man in das Gebäude hineingehen. Das Innere der Kirche wurde von Filippo Brunelleschi (1377–1446) gestaltet, jenem Renaissancearchitekten, der die vielleicht harmonischsten Raumkonstruktionen seiner Zeit entwarf, die sich ganz an der klassischen Architektur der Römer orientierte.

Wilde Natur im Norden

Der letzte Ort, der in der nördlichen Toskana von besonderem Reiz ist, heißt Borgo San Lorenzo. Seine waldreiche Umgebung hat nichts mehr von der lieblichen Landschaft der typischen Toskana, vielmehr erinnert sie mit ihrer wilden Landschaft an den gar nicht weit entfernten Apennin mit seinen Bergen und einsam in Tälern und an Hängen gelegenen Dörfern.

Borgo San Lorenzo besitzt im Convento del Bosco ai Frati einen ganz besonderen Schatz: ein bemaltes Holzkreuz, das Donatello zugeschrieben wird. Die Umgebung des kleinen Städtchens ist sehr reizvoll. Immer wieder unscheinbare Ortschaften, die etwas für die Toskana Typisches bieten: versteckte Kunst. Überall, wo man eine der vielen, normalerweise verschlossenen Kirchen aufsucht und einen Küster mit einem kleinen Trinkgeld »besticht«, um die Türen in die uralten Gotteshäuser zu öffnen, vollzieht sich ein Wunder. Zu entdecken gibt es Meisterwerke aus der Romanik oder der Renaissance. So unbedeutend und öde die Ortschaften auf den Besucher auch wirken mögen, sie alle verfügen über Kirchen, Kapellen und Palazzi, in denen Meister des 13., 14. und 15. Jahrhunderts Werke hinterlassen haben. In Scarperia zum Beispiel, keine zehn Kilometer von Borgo San Lorenzo entfernt, fasziniert in der Capella della Madonna di Piazza

Oben: Grünes Paradies zwischen Lonnano und Stia am Rande des Parco Nazionale Foreste Casentinesi.
Rechts: Das Rathaus von Borgo San Lorenzo wurde 1931 von Tito Chini im Jugendstil ausgebaut.
Rechte Seite: Die Pfarrkirche Pieve di San Lorenzo in Borgo San Lorenzo, der größten Stadt des Mugello, der Gegend nordöstlich von Florenz.

Nachfolgende Doppelseite:
Ziergarten der Villa Garzoni in Collodi.

ein kunstvoll gefertigtes Marmortaufbecken aus dem 15. Jahrhundert sowie eine reizvolle Madonna mit dem Kind, gemalt von Jacopo di Casentino (1297–1349), und eine herrliche Renaissanceplastik von Benedetto da Maiano (1442–1497).

Eine wilde Berglandschaft findet sich auch südlich der Passstraße des Abetone, der geografischen Scheide zwischen der Toskana und der Region Emilia Romagna, eine herbe Landschaft mit tiefen Tälern und weltabgeschiedenen Dörfern. Zu erreichen ist diese Gegend von Pistoia aus Richtung Abetone über den Oppiopass oder auch von Barga und Bagni di Lucca aus.

Man sollte sich Zeit und eine gute Straßenkarte nehmen, um an einem klaren Tag durch diese Landschaft zu fahren. Hier gibt es wirklich einsame und stille Orte, sodass man gut nachvollziehen kann, dass dieser Teil der Toskana vor der Zeit der Mobiltelefone und des Internet eine Gegend des absoluten Rückzugs von der Welt war.

Die schönsten Gartenanlagen

Villen und Gärten, Kunstparks und Wälder

Auf den ersten Blick sieht sie wie eine hohe und große Hochzeitstorte aus. Auf dem Erdgeschoss mit dem Haupteingang sitzt ein großer Block mit zwei weiteren Stockwerken. Auf dem Dach erhebt sich eine kleine Villa mit Türmchen und zahlreichen Skulpturen. Die Villa Torrigiani, nördlich von Lucca gelegen, ist eine typische Landresidenz des 18. Jahrhunderts. Nicolao Santini, Botschafter des unabhängigen Zwergstaats Lucca am Hofe des französischen Königs Ludwig XIV., ließ die schon im 16. Jahrhundert existierende Villa und ihren Garten komplett umbauen. Santini orientierte sich dabei an Versailles. Auch er wollte, im Kleinen versteht sich, einen französischen Garten, und das

hieß damals einen Park mit einer total domestizierten Natur. Alles musste zurecht- und gerade- oder zu Figuren geschnitten und gestutzt werden. Es heißt, dass der berühmte königliche Gärtner André Le Notre (1613–1700) höchstpersönlich Hand an das Projekt des Botschafters gelegt haben soll.

Wie auch immer, der heute restaurierte Garten und die Villa präsentieren sich dem Besucher als prächtige Anlage. Villa Torrigiani ist eines der schönsten Beispiele für die sogenannten Ville Lucchesi, für eine Reihe von Landresidenzen, die sich der Adel des Stadtstaats im 17. und 18. Jahrhundert rund um Lucca anlegen ließ.

Im 19. Jahrhundert wurde der Park der Villa Torrigiani in Ca-

migliano Santa Gemma überwiegend in einen englischen Landschaftsgarten umgewandelt. So durchwandert der Besucher heute einen Park, der wie zufällig gewachsen wirkt, tatsächlich aber gezielt angepflanzt wurde. Die Ville Lucchesi bieten eines der schönsten Ausflugsziele in der Umgebung von Lucca und

der Versiliaküste. Eine Villa ist schöner als die andere, und Gartenfreunde kommen voll auf ihre Kosten.

Da ist zum Beispiel der Skulpturen- und Brunnengarten von Luisa Oliva. Ein Park zwischen Barock und Rokoko, der um die Villa Buonvis Oliva in San Pancrazio angelegt wurde. Buchs-

ven. Wahrscheinlich gab der Star unter den piemontesischen Baumeistern aus Turin, Filippo Juvarra (1678–1736), im 18. Jahrhundert dem Garten sein heutiges Gesicht. Er soll dafür gesorgt haben, dass hinter Ecken und Kurven Skulpturen

baumhecken sind zu Quadraten und Kugeln zurechtgeschnitten und immer wieder stehen Brunnen auf den Alleen und Spazierwegen.

Villa Grabau in San Pancrazio ist hingegen ein Landschaftspark, der, ganz romantisch, eine Landresidenz aus dem 19. Jahrhundert einrahmt. Hier gibt es viele Wiesen und alte Bäume, die nie zurechtgeschnitten wurden.

Villa Massei in Massa Maciania ist ein fast bürgerlich wirkendes großes Wohnhaus mit einem Garten, der erst nach 1982 angelegt wurde. Die Besitzer dieses Hauses schufen eine faszinierende Mischung aus geschnittenen Buchsbaumhecken, uralten Zypressen, viel Wiese, Zitronenbäumen und Palmen.

Der Park von Villa Mansi bei Segromigno in Monte ist ein Gartenkunstwerk aus verschiedenen Jahrhunderten. Schon während des frühen Barock wurden die ersten Blumenterrassen angelegt, nach den damals modischen geometrischen Moti-

1 Barocke Buchsbaumpracht im Garten der Villa Torrigiani (Anfang des 16. Jahrhunderts). Die Villa war der Sommersitz der Familie Buonvisi außerhalb von Lucca in Camigliano.
2 Fassade der Villa Torrigiani.
3 Im Garten der klassizistisch ausgestatteten Villa Grabau bei Lucca.
4 Grüner Salon der Villa Grabau.
5 Ludovico Buonvisi ließ die Villa Oliva in Camiglio um 1500 von Matteo Civitali errichten.
6 Der Salon der Villa Torrigiani besticht mit seinen Trompe-l'Œil-Fresken von Pietro Scorzini.
7 Schlafraum in der Villa Torrigiani.

von Tieren, Kobolden und schönen Damen aufgestellt wurden. Aus dem 19. Jahrhundert stammt der sogenannte Bosco romantico, ein kleiner romantischer Wald mit exotischen Bäumen und Büschen.

Ein herrlicher Blick auf die Villa Marlia und ihren Park bietet sich dem Besucher vom kleinen See aus, der zur Anlage gehört. Hinter der breiten Wasserfläche breitet sich eine Wiese aus, rechts und links von alten Bäumen flankiert. Dahinter erhebt sich die Landresidenz der Familie Pecci Blunt. Der Park dieser königlichen Residenz bei der Ortschaft Marlia ist einer der größten der Ville Lucchesi. Park und Villa gehörten einst den Großherzögen der Toskana und dann den italienischen Königen.

Der Park besteht aus sehr verschiedenen Garten- und Landschaftselementen. Es gibt ein sogenanntes Wassertheater mit einem ausgeklügelten Brunnensystem, Nymphäen, einen Zitronengarten und einen Jugendstilpark des französischen Landschaftsgärtners Jacques Gréber. An einem Ende des Fischteichs erhebt sich eine barocke Brunnenanlage, die wie das Bühnenbild aus einer Oper von Georg Friedrich Händel oder Antonio Vivaldi ausschaut. Besonders reizvoll ist das sogenannte Gemüsetheater, eine Art Bühne aus hohen Buchsbaumhecken mit verschiedenen Ein- und Durchgängen.

Auch mitten in Lucca gibt es einen besuchenswerten Garten. Der barocke Palazzo Pfanner

befindet sich innerhalb der mittelalterlichen Stadtmauern. Hier wurden im Palazzo und im Garten Szenen für den Film »Portrait of a Lady« von Jane Campion nach dem Roman von Henry James gedreht. Der Garten ist ein *hortus conclusus*, ist also nach außen hin verschlossen, ein Stadtgarten eben, aber deshalb in keiner Weise weniger

prächtig als die Gärten auf dem Land, nur eben viel kleiner. Es gibt einen Teich mit einer Fontäne und eine Vielzahl von barocken Skulpturen. Der städtische Charakter dieses Gartens wird durch die vielen Blumentöpfe deutlich, die die Eigentümer, die Familie Pfanner, aufgestellt hatten, um neue Pflanzen zu züchten.

6

7

5

Der Park der Familie Pozzolini in Bivigliano aus dem 18. Jahrhundert hat eine Fläche von zwölf Hektar. Zu sehen sind traumhafte romantische Zypressenalleen und Grotten.

Während der Renaissance wurde der Park des Castello del Trebbio in San Pieve a Sieva angelegt, doch erst in den darauffolgenden Jahrhunderten erhielt er sein heute romantisches Aussehen mit Pergolagängen und uralten Bäumen. Der berühmte Renaissancebaumeister Michelozzo (1396–1472) soll die Burg errichtet haben.

Einen spätromantischen Park ließ sich die Familie Manello Galilei Riccardi Anfang des letzten Jahrhunderts beim Castelleo di Barberino di Mugello anlegen.

Ein stiller Garten, der sich an geometrischen Vorbildern aus dem 15. Jahrhundert orientiert, ohne jedoch zu einem historisierenden Imitat zu werden.

Kurios ist der Parco di Celle in Santomato nördlich von Pistoia. Der Park der mächtigen barocken Villa besteht aus rund 25 Hektar Land, die zu einem Landschaftskunstgarten umfunktioniert wurden. Die aktuellen Besitzer zeigen in ihrem Park zeitgenössische Kunst, mit Werken von Magdalena Abakanowicz und Dennis Oppenheim, von Richard Morrs, Beverly Pepper und anderen bedeutenden Künstlern des 20. Jahrhunderts. Der Park mit seinen zahllosen und zum Teil überraschenden Kunstwerken sollte in aller Ruhe erwandert werden.

Zwischen 1972 und 1980 schuf der italienische Landschaftsarchitekt Pietro Porcinai in der Villa il Castelluccio in Ponte a Cappiano eines seiner reifsten Werke, einen zeitgenössischen Landschaftspark mit vielen Freiflächen, mit Kunst und immer neuen Blicken durch mannshohe Heckendurchbrüche.

1 bis 4 Beinahe ein Schloss und unbedingt sehenswert: die Villa Reale di Marlia diente mehreren Adelsfamilien und dem Bischof von Lucca als Residenz. Die Brunnenanlage (2) im Park der Villa und die Palazzina (3) auf dem Terrain sowie eine der Buchsbaumanlagen (4). Auf dem Gelände befindet sich das Teatro di Verdura (6) sowie die Villa del Vescono.
5 Skulpturenpark in Santomato, Fattoria di Celle.

Wein und Wolkenkratzer des Mittelalters

Der Osten

Piero und Rosalba Giadrossi liebten schon lange zeitgenössische Kunst. Aber während des Besuchs einer Skulpturenausstellung im Botanischen Garten von Kirstenbosch in der südafrikanischen Republik kam ihnen eine verwegene Idee. Die Realisierung dieser Idee kann heute als Parco Sculture del Chianti besichtigt werden.

Aus dem weitläufigen Grundstück, das das Ehepaar bei Pievasciata in der Nähe von Siena erworben hatte, entstand eine der interessantesten Parklandschaften der gesamten Toskana. Hierher luden sie Künstler aus verschiedenen Ländern ein. Diese sollten sich von der kargen, aber malerischen Landschaft inspirieren lassen. 25 Künstler schufen Werke, die im Skulpturenpark besichtigt werden können: Werke von Dolorosa Sinaga und Jose Matusa, von

Ganz oben: Traditioneller toskanischer Briefkasten - gesehen in Lecchi in Chianti.
Mitte: Bei San Gimignano.
Rechts: Die Toskana bietet Hunderte von Qualitätsweinen.
Rechte Seite: Festa dell'Uva in Vagliagli bei Radda in Chianti.

Costas Varotsos und Ursula Reuter-Christiansen. Viele der Kunstwerke sind humorvoll und ironisch, wie zum Beispiel »Milk Factory« von Vincent Leow, eine Gruppe bunt bemalter Kunststoffkühe, die der Künstler auf eine Wiese stellte.

Chianti – nicht nur der Weine wegen

Der Osten der Toskana ist eine ungemein abwechslungsreiche Landschaft. Am bekanntesten ist wohl das Chianti, wo die berühmtberüchtigte bundesdeutsche Toskanafraktion ihre Villen und Residenzen hat und wo im sogenannten Chiantishire wohlhabende Briten Wein anbauen und es sich gut gehen lassen. Jenseits aller Klischees ist das Chianti vor allem eine extrem reizvolle Weinlandschaft. Schon 1716 ließ der Großherzog der Toskana in dieser Gegend Gütesiegel einführen, die nachweisen sollten, woher genau ein Wein kam und von wem er angebaut wurde. Aus diesem ersten toskanischen Her-

kunftsnachweis für Weine entwickelten sich die heute gebräuchlichen Gütesiegel DOC (Denominazione di origine controllata) und auch DOCG (Denominazione di origine controllata e garantita).

Zum Chianti, ein Wort, das vom etruskischen »clante« abgeleitet ist und das »wasserreich« bedeutet, gehören nur neun Ortschaften, deren Nennung bei Weinfreunden Erregungszustände auslösen: Barberino Val d'Elsa, Castellina in Chianti, Castelnuovo Berardenga, Gaiole in Chianti, Greve in Chianti, Poggibonsi, Radda in Chianti, San Casciano Val di Pesa und Tavernelle Val di Pesa. Namen, die Weinliebhabern auf der Zunge zergehen und Erinnerungen an unvergessliche Weinverkostungen aufkommen lassen!

Im Gebiet des Chianti leben rund 80 000 Menschen, von denen jedoch nur zehn Prozent im Weinanbau tätig sind, was beweist, dass Chianti nicht nur Wein bedeutet.

Für viele Deutsche ist Chianti der Inbegriff des italienischen Weins. Bis noch vor wenigen Jahrzehnten verband man mit diesem Wort den »fiasco«, eine strohumwundene Flasche mit einfachem Landwein, ein typischer Ausdruck italienischer Lebensfreude. Doch in den letzten Jahren hat sich viel getan. Heute können es viele Weine aus dem Chianti im Besonderen und aus der Toskana im Allgemeinen mit den ganz großen Franzosen aufnehmen, in Qualität wie leider auch im Preis. Natürlich gibt es daneben auch einfache Landweine, die nach wie vor billig verkauft werden. Ingesamt kommt aber nur ein Prozent der gesamten italienischen Weinproduktion aus dem Chianti.

Der Chianti Classico ist ein Wein, der aus einem genau festgelegten, etwa 6800 Hektar großen Anbaugebiet stammt, das zwischen Florenz und Siena liegt. In dieser anmutigen Landschaft wachsen vor allem Sangiovesetrauben, die bei einem Chianti Classico 75 bis 90 Prozent ausmachen sollten und denen Canaiolotrauben beigemischt werden, wenn es sich um einen Rotwein handelt. Oft werden auch Trebbiano- und Malvasiatrauben hinzugefügt. Das Gütesiegel »Chianti Putto« bezeichnet Weine, die nicht aus dem Classico-Gebiet stammen. Chianti-Putto-Weine werden zum Beispiel bei Arezzo und Florenz und auch in der Umgebung von Siena angebaut.

Eine besondere Spezialität aus der Toskana ist der Vin Santo, ein süßer Klassiker mit uralten Wurzeln. Er wird aus luftgetrockneten, teilrosierten Trauben, meist Malvasia und Trebbiano, hergestellt. Vin Santo ist gold- bis bernsteinfarben und meist sehr süß. Am besten trinkt man ihn nach einem Essen oder als Aperitif.

Unten: Kirche San Nicola in Radda in Chianti.
Ganz unten: Winzer Roberto Guldener vom Weingut Terrabianca in seiner Enoteca.

94

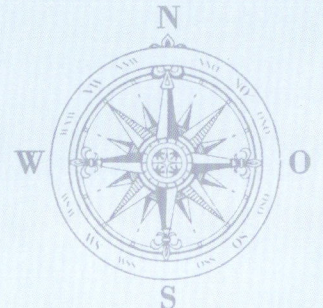

Links: Weinberge, soweit das Auge
reicht. Hier bei Radda in Chianti.
Oben: Weinlese auf dem Weingut
Terrabianca bei Radda in Chianti.

Chianti, das ist eine Landschaft für Ansichtskarten, das ist beispielsweise der Blick von der Terrasse des Castello di Brolio, 15 Kilometer von Siena entfernt. Unterhalb der Burg stehen einige Reihen Obstbäume, dann folgen weite Weinfelder, die immer wieder von Zypressen und anderen Bäumen unterbrochen werden.

Entdecken Sie das Chianti. Fahren Sie einfach los, folgen Sie den Landstraßen und staubigen Wegen. Immer wieder gibt es Burgen und Gehöfte in romantischer Landschaft zu entdecken und Weine zu probieren.

Pitoreskes San Gimignano

Auf dem Weg nach Siena liegt San Gimignano, die mittelalterliche Wolkenkratzerstadt, die während der Sommermonate tagsüber von

Oben: Mittelalterliches Manhattan: die Geschlechtertürme von San Gimignano.
Rechts: Blick von einem der Geschlechtertürme auf die Dächer von San Gimignano.
Rechte Seite oben und unten: Piazza del Duomo im mittelalterlichen Zentrum von San Gimignano.

so vielen Touristen besucht wird, dass der Alltag dieser zauberhaften Ortschaft vollkommen verdrängt wird. Deshalb ein wichtiger Ratschlag: Besuchen Sie San Gimignano frühmorgens, wenn die Bustouristen noch unterwegs sind, oder aber spätnachmittags, wenn sie die Stadt wieder verlassen haben.

Ein Traum ist es, in einem der in uralten Häusern und Palazzi untergebrachten Hotels, an der pittoresken Piazza della Cisterna, zu wohnen, mitten im historischen Ortszentrum. Wählen kann man zwischen der Sicht auf die bukolische Landschaft außerhalb der Stadtmauern oder dem Blick auf den wunderschönen Platz.

Zu besichtigen gibt es ungemein viel in San Gimignano: eine ganze Ortschaft aus dem Mittelalter mit Kirchen voller Kunst aus Romanik und Renaissance. Unbedingt zu empfehlen ist der Aufstieg auf einen der sogenannten Geschlechtertürme, die sich die mächti-

gen Familien im Mittelalter errichten ließen, und die Besichtigung der Fresken in der Collegiata-Kirche Santa Maria Assunta, die unter anderem ein Jüngstes Gericht zeigen, Bilder, die mit ihren realistischen Höllendarstellungen den Betrachter noch heute gruseln lassen.

Mittelalter pur in Monteriggione

Mittelalter pur bietet auch Monteriggione, nicht weit von San Gimignano entfernt und auch auf dem Weg nach Siena. Von Weitem wirkt dieser kleine Ort wie eine Erscheinung, wie eine Art Fata Morgana. Monteriggione erhebt sich auf einem rund 270 Meter hohen Hügel und besteht aus einem vollständig erhaltenen Mauerring mit vielen Wehrtürmen. Schon Italiens Dichterfürst Dante Alighieri (1265–1321) würdigte den Mauerring als »Krone mit Türmen«.

Siena ist mehr als nur eine etwas größere Stadt in der Toskana. Siena ist eines der schönsten italienischen Beispiele für eine wirklich harmonische Mischung aus Mittelalter und Renaissance. Die auf verschiedenen Hügeln errichtete Stadt will erwandert werden, am besten mit gutem Schuhwerk. Immer wieder geht es hoch und hinunter und man muss gut zu Fuß sein, um die Stadt ganz erkunden zu können. Dafür benötigt man auch Zeit. Mehr als nur einen einzigen Tag.

Aus der römischen Stadt *Sena Juli* wurde in fränkischer Zeit eine unabhängige Grafschaft. 1115 erhielt sie ihre politische Unabhängigkeit. Die Regierung lag damals in den Händen des städtischen Adels, der in offenem Streit mit der blaublütigen Konkurrenz in Florenz lag.

Siena und Florenz, zwei aufstrebende Handelsstädte, konnten sich nie so richtig ausstehen. Noch heute gebrauchen die Sienesen böse Redewendungen, wenn sie von den Florentinern sprechen. Das Gleiche gilt übrigens auch umgekehrt. 1559 schließlich gewannen die Medici die Oberhand über Siena. Die Stadt wurde ihrem Großherzogtum eingegliedert.

Ihren künstlerischen Höhepunkt erreichte Siena im 13. und 14. Jahrhundert. Die ausgezeichnete Ziegelerde in der Umgebung führte dazu, dass die städtischen Bauherren vor allem Backsteinbauten bevorzugten. Die Sieneser Malerei wurde maßgeblich durch die bedeutendsten Maler beeinflusst, wie Simone Martini (1284–1344) und Pietro Lorenzetti (1280 bis etwa 1348). Beide Künstler strebten auf ihren Darstellungen nach körperlichem Realismus, nach dramatischer Gestaltung und seelischer Vertiefung. Sie wollten Menschen malen, echte Menschen, nicht schematische Figuren wie im vergangenen Mittelalter. Ihre in Siena geschaffenen Meisterwerke machten die Stadt berühmt und damit zur ärgsten Kunstkonkurrentin von Florenz.

Unbestrittenes Zentrum der Stadt ist die großartige Piazza del Campo in Form eines riesigen Fächers. Hier findet jeweils am 2. Juli und am 16. August ein halsbrecherisches Pferderennen statt, der traditionelle Palio. Vom 102 Meter hohen Torre del Mangia aus, ein statisches Meisterwerk des 14. Jahrhunderts, zeigt sich die urbane Aus-

dehnung der Stadt und ihr intaktes historisches Zentrum, das an einigen Stellen quasi nahtlos in die Natur übergeht.

Der Palazzo Pubblico und das Museo Civico beweisen, dass Siena, wie auch Florenz, die besten Künstler seiner Zeit beschäftigen konnte: Domenico Beccafumi (1486–1551) und Taddeo di Bartolo (1362–1422) und den Sodoma genannten Giovanni Antonio Bazzi (1477–1549).

Siena wurde nie von einem Fürsten regiert. Der Stadtstaat war theoretisch eine Republik, in der allerdings nur die reichsten Bürger das Sagen hatten. Der idealen Idee eines republikanischen Staates widmete Ambrogio Lorenzetti (nachweisbar 1319–1347) ein berühmtes Freskenbild im Museo Civico, das die Folgen der guten und der schlechten Regierung verdeutlicht.

Linke Seite oben: Die Relieftafeln
für die achteckige Predigtkanzel
im Dom von Siena schuf Nicola
Pisano 1265 bis 1268. Sie zeigen
Szenen aus dem Leben Christi.
Oben: Die Piazza del Campo aus
dem 12. Jahrhundert in Siena
ist eingerahmt von Palazzi.
Links: Der nie fertiggestellte
Dom von Siena.

Nachfolgende Doppelseite:
Die fächerförmige Piazza del
Campo in Siena.

Elegante Geschäfte und verführerische Konditoreien sowie Paläste, die sich dicht an dicht reihen, machen den Reiz eines Spaziergangs durch die Via di Città aus. Von ihr aus gelangt der Besucher zur Piazza del Duomo. Hier sollte einmal die größte Kirche der katholischen Christenheit errichtet werden. Siena wollte Rom und Florenz in den Schatten stellen. Der bereits bestehende Dom sollte als Querschiff für eine gewaltige neue Kirche, dem »Duomo Nuovo«, dienen. Aber nach einer Baupause im Jahr der Pest, 1348, zeigten sich irreparable Bauschäden, die einen teilweisen Abriss bereits ausgeführter, jedoch einsturzgefährdeter Bauteile erforderten. Dann ging das Geld aus und der ehrgeizige Plan wurde aufgegeben. Doch die erhaltenen Fragmente geben einen Eindruck von der Größe des geplanten Bauvorhabens. Der heutige »alte« Dom ist ein Meisterwerk romanisch-

Fortsetzung Seite 104

Siena im Palio-Fieber

Halsbrecherisches Rennen auf der Piazza del Campo

Am 2. Juli und am 16. August konzentriert sich ganz Siena auf den Campo, auf den schönsten und größten Platz der Stadt. Hier findet der sogenannte Palio delle Contrade statt, das Pferderennen der einzelnen Stadtviertel. Aber es ist nicht nur ein Rennen, sondern ein Volksfest, das sehr ernst genommen wird. So ist es ganz normal, dass die einzelnen Reiter am Morgen vor dem Rennen ihr Pferd in eine Kirche führen, um es segnen zu lassen. Es gibt keinen Geistlichen, der sich diesem eigentümlichen Segen entzieht!

Von den 17 städtischen Contrade nehmen nach einem komplizierten Losverfahren nur zehn an dem Rennen teil, das zu Ehren der Jungfrau Maria ausgetragen wird. Die Fenster und Balkone am Campo werden zu schwindelerregenden Preisen auch an Ausländer vermietet. Glück hat, wer bei einem Sienesen eingeladen ist, der eine Wohnung mit Blick auf den Platz hat.

Das eigentliche Rennen dauert nur wenige Sekunden. Der Campo muss nur ein einziges Mal umrundet werden. Der Sieger erhält den sogenannten Palio, vom lateinischen Pallium, Tuch, Decke. Es handelt sich um ein historisches Banner mit einem Abbild der Mutter Gottes. Während der Paliotage sind viele Paläste mit Stoffrollen an ihren Fassaden geschmückt. Die Stadt wirkt wie für einen Historienfilm herausgeputzt.

Das ganze Drumherum des Rennens macht den eigentlichen Reiz des Palio delle Contrade aus. Am Vormittag des Renntages findet ein malerischer Umzug in mittelalterlichen Gewändern durch das historische Stadtzentrum statt. Die meisten Bürger sind auf den Beinen. Trommelschläger und Fahnenwerfer runden das Bild ab.

Der Umzug ist lang, denn es nehmen daran die Repräsentanten aller Contrade teil, mit ihren Fahnen und eigenen Trachten. Dieser Trachtenzug ist eine knochenernste Angelegenheit. Monatelang streiten sich die Bewohner der einzelnen Contrade darum, wer in welchem Kostüm daran teilnehmen darf. Begleitet werden die Vertreter der einzelnen Stadtviertel von Musikern, oftmals sind es ganze Kapellen, natürlich auch sie in stilechte Kostüme gekleidet, die ohne Mühen und Kosten zu scheuen, nach historischen Vorbildern geschneidert wurden. Am Ende des Umzugs erscheint ein reich

5

4

geschmückter Karren, der den Palio, die Trophäe, trägt. Das Pferderennen wurde erstmals 1310 veranstaltet.

Am Nachmittag des Renntages kommt es dann zum feierlichen Einzug auf den Campo. Die Reiter müssen keine mageren Jockeys sein. Ratsam ist es, dass sie kräftig und abenteuerlustig sind, denn während des Rennens sind sie mit einem Ochsenziemer ausgestattet, von dem sie reichlich Gebrauch machen, um ihre Konkurrenten in Schach zu halten. Es kommt immer wieder zu gefährlichen Stürzen, zu Verletzungen und zu getöteten Pferden.

Einzig wichtig ist, wer als Erster durchs Ziel geht. Wie, das ist fast egal. Der Palio ist wild, und man muss echten Kampfgeist besitzen, um ihn zu bestehen. Der jeweilige Sieger wird wie ein Held gefeiert. In seiner Contrada wird ein Volksfest mit Essen und Trinken auf den Straßen veranstaltet. Jeder ist herzlich eingeladen. In früheren Zeiten riet man den Verlierern, sich nach dem Rennen am besten zu verstecken, denn die einzelnen Contrade hatten enorme Schwierigkeiten, eine Niederlage einzugestehen.

Der Palio geht auf die kriegerischen Zeiten des späten Mittelalters zurück, als sich Florenz und Siena ständig bekriegten. Das städtische Pferderennen bekam auf diese Weise eine politische und soziale Bedeutung. Es sollte den Kampfesmut anstacheln, und seine Reiter hatten ein Vorbild für die Jugend der Stadt zu sein. Der ursprüngliche Palio fand am 16. August, einen Tag nach Mariä Himmelfahrt statt. Der Palio am 2. Juli wurde erst 1656 offiziell anerkannt. Er findet zu Ehren der Madonna von Provenzano statt. So kommt es auch, dass die religiösen Hauptzeremonien, für den Reisenden schön anzuschauen, für den August-Palio im Dom stattfinden, und für den Juli-Palio in der Kirche S. Maria di Provenzano.

1 Feststimmung auf der Piazza del Campo.
2 Ein Fehlstart: Die aufs Äußerste angespannten Pferde im Hexenkessel der Campo-Arena sind kaum im Zaum zu halten.
3 Palio-Wache vor dem Rathaus.
4 Am Vormittag des Renntages finden in den Altstadtgassen und auf dem Campo Umzüge in historischen Kostümen statt.
5 Die Fahnenwerfer geben während der Umzüge Kostproben ihres Könnens.

gotischer Baukunst. Allein der Fußboden mit seinen aufwendigen Marmoreinlegearbeiten ist eine Besichtigung wert. Der Renaissancemeister Pinturicchio (1454–1513) malte die zum Dom gehörende Libreria Piccolomini mit eindrucksvollen Szenen aus dem Leben des humanistischen Papstes Pius II. aus.

Traumhafte Paläste und Kirchen

Von Siena führt der Weg, das Arnotal querend, nach Cortona. 500 Meter über dem Tal liegt dieser Traum aus mittelalterlichen Palazzi und Kirchen. Im Sommer findet hier das »Tuscan Sun Festival« statt, ausgerichtet von Amerikanern, die klassische Musik lieben. Opern, Sinfonien und Kammerkonzerte stehen auf dem Programm. Immer

wieder treten Weltstars wie zum Beispiel Anna Netrebko auf. Cortona wurde in den letzten Jahren weltberühmt durch den Roman der heute in dem Städtchen lebenden Schriftstellerin Frances Mayes, »Unter der Sonne der Toskana«. Eine Liebesgeschichte, wie kann es anders sein, in der sich eine frustrierte Amerikanerin in einen bildschönen Italiener verguckt und ihr Glück findet. Der Erfolg dieses Romans erklärt vielleicht die vielen durch die Gassen bummelnden Amerikaner.

Besuchenswert ist das Museo Diocesano, in dem sich Meisterwerke der Renaissancekunst befinden, darunter Gemälde von Luca Signorelli (um 1445–1523) und Fra Angelico (um 1400–1455). Berühmt ist Cortona aber auch wegen seiner Accademia Etrusca. Im 18. Jahrhundert wurde hier das europaweit erste Institut für Studien zu dem rätselhaften Volk der Etrusker gegründet. Im Museo dell' Accademia Etrusca sind die in den letzten Jahrhunderten bei Grabungen geborgenen Kunstwerke dieses Volkes ausgestellt, darunter ein großer Bronzekandelaber aus dem 5. Jahrhundert v. Chr. Etwas außerhalb des mauerbewehrten Zentrums erhebt sich die bei den Einheimischen hochverehrte Madonna del Calcinaio, eine Renaissancekirche mit ungemein eleganten Bauformen.

Malerisch zieht sich das nahe Castiglion Fiorentino einen Hang hinauf. Ein mittelalterliches Dorf wie aus dem Bilderbuch. Von verschiedenen Plätzen aus geht der Blick in das Chiana-Tal, und man schaut bis zum fernen Monte Amiata. Das Valdichiana ist übrigens, neben anderen Gegenden, die Heimat des Chiana-Rindes, das hier, so heißt es, seit der etruskischen Antike weidet. Die Rinder der Chiana-Rasse sind wegen ihres zarten Fleisches berühmt. Als Steaks sind sie in der ganzen Toskana ein Hochgenuss.

In Castiglion Fiorentino sollte unbedingt die Collegiata aufgesucht werden. Sie enthält ein bedeutendes Kunstwerk. Segna di Bonaventura (um 1505–1567) malte eine Madonna mit dem Kind auf dem Thron, eines der einfühlsamsten Madonnenbildnisse der italienischen Renaissance.

Oben: Im romanisch-gotischen Dom von Siena.
Links: Der Palazzo Comunale in Cortona aus dem 13. Jahrhundert, der im 16. Jahrhundert erweitert wurde.
Rechts oben: Piazza Pescheria: alter Fischmarkt in Cortona.

*Unten: Der Freskenzyklus »Kreuzeslegende«
von Piero della Francesca in der Basilika
San Francesco in Arezzo. Rechts: Piazza
Grande: Arezzos beliebtester Treffpunkt.
Rechts unten: Palazzo delle Logge an
der Piazza Grande.*

Das malerische Arezzo

Die Perle der östlichen Toskana ist unbestritten Arezzo, eine mittelalterliche Stadt, die aus unbegreiflichen Gründen nur von wenigen Touristen besucht wird.

Die östliche Toskana zeigt sich bei Arezzo von ihrer allerschönsten Seite: grüne Hügel und Täler und mittendrin der Ort, dessen historisches Zentrum vollständig erhalten geblieben ist. Die Piazza Grande ist das Zentrum der Stadt, ein mit seinen Palästen aus verschiedenen Epochen ungewöhnlich schöner Platz. Unter den Bauwerken, die diesen Platz umstellen, fasziniert vor allem der Palazzo della Fraternità dei Lacci, ein Mix aus italienischer Gotik und Renaissance. Überragt wird dieser Palast von dem romanischen Turm der Pieve di Santa Maria. Die Kirche besitzt eine interessante Fassade. Sie zeigt im Erdgeschoss fünf Blendarkaden, darüber drei Zwerggalerien mit nach oben immer engeren Säulenstellungen. In seinem Inneren bietet

dieses Gotteshaus einen Schatz, ein Altarbild von Pietro Lorenzetti, das die Madonna mit dem Kind und Heiligen zeigt.

San Francesco ist eine romanische Kirche, die mehrfach umgebaut wurde und in der sich einer der unbestritten wichtigsten Freskenzyklen der gesamten italienischen Kunstgeschichte befindet. Die »Legende des Heiligen Kreuzes« von Piero della Francesca (um 1415 bis 1492), aus der zweiten Hälfte des 15. Jahrhunderts. Dieser Freskenzyklus ist während des Zweiten Weltkriegs beschädigt und in jahrelanger Restaurierungsarbeit nahezu vollständig wieder hergestellt worden. Die einzelnen Wandbilder erzählen mit ihren prächtig wie-

dergegebenen Figuren und architektonischen Bildelementen die Geschichte des Kreuzes, an das die Römer Jesus geschlagen hatten.

Man sollte sich ein wenig Zeit nehmen, um durch die malerischen Straßen Arezzos zu bummeln und die vielen Kirchen sowie Museen zu besichtigen. Für Arezzo braucht man mindestens zwei Tage. Dafür sollte man, wie es sich für den Ort gehört, in einem Palazzo wohnen, zum Beispiel bei den Albergottis. Die Familie der Herzogin Francesca Albergotti residiert in einer 1000 Jahre alten Villa mit riesigem Garten, Pool und viel Wald. Besonders reizvoll sind die zwei mit antiquarischen Möbeln eingerichteten Gästezimmer. Man wohnt wie der Adel von Arezzo, mit Familienanschluss, denn Francesca ist eine weltoffene »Landlady«, die auf Nachfrage auch Kochkurse in ihrer eigenen Küche organisiert.

Wilde, reizvolle Toskana

Nördlich von Arezzo zeigt sich die Toskana mit einem ganz anderen Gesicht. Von malerischen Zypressenalleen und Weinfeldern keine Spur mehr. Hier ist man in der wilden Toskana, die einen eigentümlichen Reiz auf den Besucher ausübt.

Eine Rundreise durch diese Landschaft sollte man in Sansepolcro beginnen. Eine rechteckige Wehrmauer aus den Zeiten der Medici

umgibt das historische Zentrum. Neben einem Rundgang durch die verschlafen wirkenden Gassen mit ihren Palästen und Kirchen aus mehreren Jahrhunderten lockt das Museo Civico. Unter den zahlreichen Kunstwerken aus Gotik und Renaissance besticht ein Freskenbild, das die Wiederauferstehung Jesu darstellt. Eines der reifsten Werke des Piero della Francesca. Das Freskenbild erstreckt sich über die Wände des Chores der Kirche, die vor einigen Jahrzehnten zum Stadtmuseum umgebaut wurde.

Das nicht weit entfernte Örtchen Bibbiena hat außer einem hübschen Stadtkern nicht viel zu bieten. Bibbiena bedeutet romantisch-verschlafene Toskana mit nur wenigen Touristen. Eine Toskana, die deshalb bei Insidern sehr beliebt ist.

Aus Bibbiena kommt die Familie Bibbiena, die im 18. Jahrhundert auch in Deutschland die schönsten Rokokotheater errichtete. Im Andenken an diese Theaterbauerfamilie wird seit Jahren, immer im Herbst, ein kleines, aber feines Festival ausgerichtet. Vergessene italienische Barockopern werden in einem kleinen Theater, in dem nicht mehr als 150 Zuschauer Platz finden, wieder aufgeführt.

Über eine kurvenreiche Landstraße, die durch dichte Wälder führt und atemberaubende Ausblicke bietet, gelangt man nach La Verna. In etwa 1200 Metern Höhe errichtete Franz von Assisi eine kleine Kapelle, die später von Franziskanermönchen zu einem Klosterkomplex, dem Convento della Verna, ausgebaut wurde. Ein weltferner Ort ist dies, der noch heute von Mönchen bewohnt wird. In der Chiesa Maggiore sind vollständig erhaltene mehrfarbige Renaissance-Terrakotten von

Oben: Einsiedelei der Kamaldulensermonche im Parco Nazionale Foreste Casentinesi.
Rechts: Die Hauptkirche der abgelegenen Abtei der Kamaldulensermönche.
Rechte Seite: In der mitten in dichten Wäldern gelegenen Kamaldulenserabtei.

Nachfolgende Doppelseite:
Schwefelhaltige Heilquellen in Satúrnia, in denen bereits die Römer und Etrusker badeten.

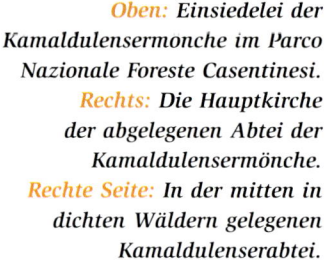

Andrea della Robbia (1435–1525) zu entdecken.

Über Poppi mit seinem mächtigen Castello Pretorio, das in seinen Sälen aus dem 13. Jahrhundert eine reiche Bibliothek verwahrt, führt uns die Straße zum Eremo di Camaldoli, einer mitten in Wäldern wie verlassen liegenden Abtei und Einsiedelei. Errichtet im 11. Jahrhundert und ausgebaut im 17. Jahrhundert, präsentiert sich diese Klosteranlage mit einer prächtig ausgeschmückten Kirche. Auch in besonders heißen Sommern ist es in dieser waldreichen Gegend immer angenehm frisch.

Nicht weit von der kleinen Ortschaft Stia entfernt lohnt der Besuch einer anderen Kirche. Bei der Pieve di Romena handelt es sich um eine romanische Kirche aus dem 10. Jahrhundert, die noch den ganzen Charme des Mittelalters ausstrahlt, als hier Pilger auf dem Weg nach Rom vorbeikamen. An der Landschaft und am Gotteshaus scheint sich im Laufe der vielen Jahrhunderte nur wenig verändert zu haben.

Kuren zwischen Weinbergen und Olivenhainen

Thermen im Süden und Osten

Caterina da Siena war eine heilige Frau. Die im Mittelalter lebende Signora war deshalb aber keine körperfeindliche Nonne. Ganz anders als man sich das heute denkt, stieg Caterina aus ihrem Nonnengewand und in die warmen Quellen von Bagno Vignoni, rund 50 Kilometer von Siena entfernt. Auch Papst Pius II. und Medicifürst Lorenzo der Prächtige taten es ihr gleich. Noch heute kann man in Bagno Vignoni kuren. Vom März bis Oktober sind die Thermen geöffnet. Schick ist vor allem die Adler-Therme, ein exklusives Wellness Resort mit Spa (www.adler-ther-mae.com).

Der besondere Reiz von Bagno Vignoni ist die kleine mittelalter-liche Ortschaft, in deren Mitte sich das älteste Thermalbad Italiens befindet. Das Wasser kann bis zu 52 Grad heiß werden und dampft im Winter so stark, dass der ganze Ort in einem dichten und fast schon zauberhaften Nebel zu versinken scheint.

Kuren in der Toskana bedeutet nicht nur faul am Strand liegen. Immer mehr Urlauber kurlauben zwischen Weinfeldern und sanften Hügeln. Das Angebot ist groß, und es gibt Thermen für jeden Geldbeutel und jeden Geschmack.

In Chianciano Terme zum Beispiel kurt auch Signora Bianco, das italienische Pendant zum deutschen Lieschen Müller. Der Kurort in den Hügeln, nicht weit von Montepulciano entfernt, ist vor allem bei Leuten mit nicht so gefüllten Geldbörsen beliebt. Es ist kein besonders schöner, dafür aber gepflegter Kurort mit Hotels und Pensionen auch der niedrigen Preisklasse. Modern und mit allem Komfort ist das Grand Hotel Terme ausgestattet, ein Viersternehaus mit zahlreichen therapeutischen Anwendungen (www.medahotels.com). Mitten in der Natur in der grünen Umgebung von Chianciano Terme liegt die bezaubernde Spa Deus (www.spadeus.it). Christina New-burg bietet den Luxus einer kalifornischen Kur- und Bodyfarm. Im Angebot finden sich die jüngsten Trends für Körper und Geist. Nicht gerade preiswert, dafür aber absolut hip. Der große Vorteil der Ther-men in Chianciano ist die Vielseitigkeit der Anwendungsmöglichkeiten. Hier können verschiedene Leiden wie Leber-, Lungen- und Magenkrankheiten behandelt werden.

Meerblick und viel Eleganz bietet das Grand Hotel Tombolo in Marina di Castagneto Carducci in der Provinz Livorno

(www.grandhoteltombolo.com). Vom Haus aus geht es zum hoteleigenen Strand durch einen Pinienwald. Das Kurzentrum ist auf Thalassotherapie spezialisiert, bietet aber auch mehrere Meerwasserbäder und Kuranwendungen. In San Casciano dei Bagni, einem ebenfalls traditionsreichen Kurort, verführt das luxuriöse Fonteverde Terme Hotel (www.fonteverdeterme.com). Das Hotel ist in einer prächtigen Villa aus der Renaissance untergebracht, einer ehemaligen Sommerresidenz der Medici. 1849 brachte eine Explosion die heißen Heilquellen ans Tageslicht. Seit diesen Tagen ist es »in« hier zu kuren.

Absolut schick ist auch die Terme di Satúrnia in der Provinz Grosseto. Ein Viersternehaus, das jeden erdenklichen Kurkomfort bietet (www.termedisaturnia.it). Der Legende nach soll hier bereits der Gott Saturn vom Himmel herab- und in das entspannende Wasser hineingestiegen sein.

Wer nicht in das Hotel möchte, das als eines der zehn schönsten Thermalhotels der Welt gilt, und nur einen Tag lang kuren möchte, kann in verschiedene Naturteiche steigen, die terrassenförmig mit den Jahrhunderten entstanden und mit heilendem Wasser gefüllt sind. Das wussten auch schon die Etrusker und die Römer, die in Saturnia ein- und ausgingen.

Casciana Terme ist alt. Das erste Thermalbad wurde 1311 im Auftrag von Federico da Montefeltre errichtet, dem Herrn von Pisa. Das Wasser ist 36 Grad warm und sein Dampf ist ein wahres Manna gegen Hals- und Bronchialkrankheiten.

Kurreisende, die allerdings den absoluten Stil suchen, sollten unter allen Umständen nach Montecatini Terme fahren, zwischen Florenz und Lucca gelegen. Ein Traum von einem Kurort. Belle-Époque-Gebäude und elegante Architektur, die schon so manchen Regisseur dazu stimulierten, hier seine Filme zu drehen. Besonders prächtig ist die Terme Tettuccio, wo Säulenpracht, viel Messing und elegante Trinkbrunnen die Erlösung von Verspannungen des Körpers und der Seele in großbürgerlichem Ambiente fördern.

1 und 2 Terme di Satúrnia an der alten Mühle.
3 und 6 San Casciano dei Bagni, Thermalanlage mit Luxushotel.
4 Das Kurhotel »Terme di Satúrnia« gehört zu den schönsten Thermalhotels der Welt.
5 Bagno Vignoni: Hier stieg schon die heilige Katarina ins warme Wasser.

Attraktionen abseits der Touristenwege

Der Westen

Ganz oben: Trauben von den Weingütern bei Radda in Chianti. Mitte: Blick vom mittelalterlichen »Friedrichsturm« auf San Miniato. Oben: Hotel Corallo in Castigioncello. Rechte Seite: Landschaft mit typischem Bauernhaus nahe Casciana Terme.

An den wildromantischen Stränden und Badebuchten bei Castiglioncello, wo die Schirmpinien nahe am Strand wachsen, kann man eine Ahnung davon bekommen, wie die Küste der Toskana in vortouristischen Zeiten ausgesehen haben mag. Von hier sind es keine 15 Kilometer bis Pomáia – ein Ort, der sich in fast keinem Reiseführer findet. Anscheinend gibt es dort nichts zu entdecken. Keine Renaissancemadonnen und romanischen Kruzifixe, keine Kirchen und Burgen oder Landresidenzen der Medicifürsten. Doch bei Pomáia gibt es etwas ganz anderes zu besichtigen, eine andere Welt, eine andere Religion und Kultur. Pomáia das ist eine Art Minitibet im Exil.

Im Castello di Pomáia, rund sieben Kilometer von dem Ort Pomáia entfernt, ist das Istituto Lama Tzong Khapa untergebracht (Via Poggiberna 9, Pomáia, www.padmanet.com/iltk), eines der wichtigsten Zentren in Europa für das Studium und die Verbreitung des tibetischen Buddhismus.

Ein zauberhafter Ort mit rot- und gelbfarben gekleideten Mönchen, mit Gebetsmühlen und den für Tibet typischen Gebetsfähnchen, die von den Burgzinnen wehen. Im Institut lehren einige der wichtigsten Lama des europäischen Buddhismus. Der Dalai Lama kommt immer wieder ins Castello di Pomáia zu Besuch.

Die westliche Toskana verfügt über verschiedene buddhistische Zentren, die an wunderschönen Orten untergebracht sind und wo auch Ausländer Tage der Meditation und der Lehre verbringen können.

Oft wird der Westen der Toskana von Touristen nur durchfahren. Doch auch dieser Teil der Toskana bietet sehenswerte Landschaften, hinreißende Strände und auf den ersten Blick unscheinbare Ortschaften, die aber entdeckt werden wollen.

Von Pomáia aus führt eine Landstraße nach Casciana Terme, ein Kurort, der vom internationalen Tourismus so gut wie gar nicht frequentiert wird. Dieses Dorf mit knapp 3300 Einwohnern ist auf einer

Hochebene zwischen Weinfeldern und Olivenplantagen gelegen. Im 18. und 19. Jahrhundert war dieser Kurort in Mode. Schon die Römer wussten von der heilenden Wirkung der Wasser, die aus dem Erdreich sprudeln. 1311 wurde von den Herrschern Pisas hier das erste Thermalbad gebaut.

In der Umgebung findet man in kleinen alten Kirchen große Kunst. In der Kirche S. Nicolo in Casciana Alta wird ein schönes und sehr graziöses Altarbild von Lippo Memmi (1317–1350) aufbewahrt, und in S. Michele in Crespina kann ein Tafelbild vom Renaissancemaler Bernardo Daddi (um 1290–1348) bewundert werden.

Der Küste entlang

Im östlichsten Winkel der westlichen Toskana erhebt sich auf einem Hügelrücken eine einsam gelegene Ortschaft von großer Suggestivität, San Miniato. Die deutschen Kaiser Heinrich IV. (1050–1106) und der Staufer Friedrich II. (1194–1250) weilten hier und hinterließen steinerne Zeugnisse.

San Miniato ist ein mittelalterlicher Ort, dessen ganzen Zauber der Besucher in Ruhe auf sich wirken lassen sollte. Zwei Kirchen aus dem 13. und 14. Jahrhundert bergen bedeutende Kunst. Für San. Domenico entwarf der große Renaissancebildhauer Donatello (1386–1466) die Grabstätte Chellini, die von Bernardo Rossellino (1409–1464) realisiert wurde, der für Papst Pius II. Pienza neu errichten sollte. Der Dom hingegen beeindruckt durch seinen streng gegliederten romanischen Innenraum.

Die größte Stadt der westlichen Toskana ist Livorno, eine Hafenstadt, die der französische Reiseschriftsteller Charles de Brosses 1739 als »eine ideale Stadt der späten Renaissance« beschrieb.

Livorno war einst eine der wichtigsten jüdischen Städte Italiens. Mit der städtischen Verfassung von 1593 wurde die Einwanderung von Juden aus ganz Europa erleichtert. Sie sollten mit ihrem kommerziellen Wissen und ihren geschäftlichen Verbindungen dem Staat der Medici zu mehr Reichtum verhelfen. Die jüdische Geschichte endete 1943 mit dem Sturz Mussolinis und der Verschleppung der Juden Italiens durch die nazideutschen Besatzungstruppen.

Die Hafenstadt wurde im 18. und 19. Jahrhundert in weiten Teilen neu gestaltet, dennoch lohnt sich ein Besuch. Wie eine Insel mitten in der Stadt liegt die Città Medicea, die unter den Medicifürsten gestaltete Altstadt mit der Piazza Grande, mit Kirchen und Palästen aus Renaissance und Barock. Schweren Schaden fügten der Altstadt 1943 alliierte Bombardements zu. In der neuen Stadt sollte das

Ganz oben: Die zentrale Piazza Garibaldi in Casciana Terme.
Mitte: Stürmisches Meer bei Marina di Cécina.
Rechts: Zauberhaftes Suvereto mit seinen engen, steingepflasterten Gassen. Der Ort ist von einer Stadtmauer in Form eines Fünfecks mit acht Türmen umgeben.

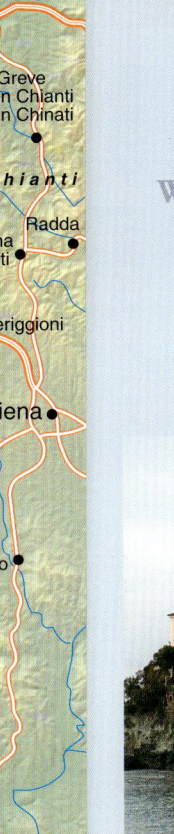

Map labels:

ÍSOLA D. GORGONA

LIGURISCHES
MEER

Livorno

Marina di Pisa
Pisa
Cáscina
Arno
San Miniato
Émpoli
Villa Torrigiani
Florenz
Pesa
Greve in Chianti in Chinati
Certaldo
Chianti
Castellina in Chianti
Radda
San Gimignano
Colle di Val d'Elsa
Monteriggioni
Volterra
Elsa
Pomáia
Castiglioncello
Casole d'Elsa
Siena
Cécina
Bibbona
Cécina
Colline Metallifere
Marina di Bibbona
Bolgheri
Val di Merse
Riviera degli Etruschi
Cornia
San Galgano
Murlo
Monticiano
San Vincenzo
Suvereto
Campíglia
San Lorenzo
Massa Marittima
ÍSOLA DI CAPRÀIA
Venturina
Populónia
Piombino
Scarlino
Ombrone
Vetulonia
Portoferráio
ÍSOLA D'ELBA
Porto Azzurro
Grosseto
Castiglione della Pescáia
Marina di Campo
0   20 km
N
Marina di Grosseto
MAREMMA

Compass: N W O S

Oben: *Der elegante Küstenort Castiglioncello mit seinen sichel-förmigen Sandstränden und schmalen Badebuchten vor hohen Felswänden.*
Links: *Bolgheri ist berühmt für den Sassicaia-Wein, zum Beispiel aus der Enoteca Tognoni.*

Museo Civico G. Fattori besucht werden. Hier befindet sich eine Gemäldesammlung mit interessanten Werken des 19. und 20. Jahrhunderts von dem avantgardistischen Amedeo Modigliani (1884 bis 1920), dem Landschaftsmaler Giovanni Fattori (1825–1908), aber auch mit Gemälden der Renaissance, wie zum Beispiel von Fra Angelico (um 1395–1455) und Cima da Conegliano (um 1459–1517).

Einen Besuch Livornos sollte man mit einem Spaziergang auf der Viala Italia abschließen, einer 1866 angelegten Meerespromenade. Villen und Palazzi aus der Gründerzeit reihen sich aneinander und vermitteln einen melancholischen Eindruck von der großbürgerlichen Pracht vergangener Zeiten.

Einer der schönsten und naturbelassenen Küstenstriche Italiens liegt südlich von Livorno, die Costa degli Etruschi, eine Steilküste,

Links: Ideal zum Bummeln: Kanal Fosso Reale in Livorno.
Links unten: Wie wäre es mit einer Bootsfahrt durch den Kanal Fosso Reale?
Unten: Kaffeepause in der Via Grande in Livorno.

die in einen feinen Sandstrand übergeht. Das Hinterland reicht mit seinen alten Pinienwäldern bis an die Dünen und teilweise auch bis an den Strand heran. Die etruskische Küste ist rund 100 Kilometer lang und bietet zahlreiche Attraktionen für Naturliebhaber und Wanderer. Im Süden lohnt der Besuch des Promontorio di Piombino. Obwohl Livorno mit seinen hässlichen Industriekomplexen ganz in der Nähe liegt, ist dieses 290 Meter hohe Felsmassiv einer der wichtigsten Nistplätze für viele Meeresvögel und ein Anziehungspunkt für Ornithologen.

Südlich von Livorno gelangen wir auch nach Cécina, einer kleinen Ortschaft mit einem interessanten etruskischen Museum, in dem Funde aus der Umgebung gezeigt werden. Nicht weit entfernt erheben sich dicht nebeneinander die schlanken, hohen und alten Zypressen von Bolgheri, eine berühmte fast fünf Kilometer lange Zypressenallee, die der italienische Dichter Giosuè Carducci (1835 bis 1907) in einem berühmten Gedicht verewigt hat, das noch heute in den Schulen von Italien zur Pflichtlektüre gehört.

Die Zypressen, seit Generationen das Ziel von Schulklassen und gebildeten Italienern, leiden. Ihre Zukunft ist mehr als ungewiss. Die schlanken Bäume sind von einem für sie tödlichen Pilz befallen, der wahrscheinlich mit den amerikanischen Soldaten, die zwischen 1943 und 1945 Italien von den Faschisten und Nationalsozialisten befreiten, in ihren hölzernen Munitionskisten nach Europa gelangte. Gegen diesen Pilz haben Biologen noch kein wirksames Mittel gefunden. An der Universität Florenz arbeitet man intensiv an genmanipulierten und pilzresistenten Zypressen, um mit ihnen die für die Toskana typischen Bäume zu retten.

In der Umgebung von Bolgheri wachsen die Trauben zu einem der besten und auch teuersten Weine Italiens. Der Sassicaia kommt aus einem nur 25 Hektar großen Anbaugebiet in der Nähe des ehemaligen Klosters San Guido. Obwohl diese von Carducci besungene Landschaft früher nie wegen ihres Weins berühmt war, entschloss sich 1942 Graf Incisa della Rocchetta, einen Hektar seines Landes mit Cabernet-Sauvignon-Trauben zu bepflanzen. Der Weinanbau sollte eigentlich nur ein Hobby bleiben, doch die ersten Tropfen sorgten wegen ihrer ausgezeichneten und an große französische Weine erin-

Cantine d'autore

Große Architekten für große Weine

Wie in Frankreich lassen auch in der Toskana immer mehr wohlhabende Winzer große Architekten für sich bauen. So entwarf der Schweizer Stararchitekt Mario Botta in den Weinfeldern der Ortschaft San Lorenzo bei Suvereto (Livorno) eine futuristische Anlage mit Namen Petra für Vittorio Moretti, der für seine Markenweine Bellavista und Contadi Castali bekannt ist (www.terramoretti.it).

Der international angesehene römische Baumeister Piero Sartogo gestaltete das neue Weingut für das Traditionshaus Cantina di Badia a Coltibuono (www.coltibuono.com) im Chianti, und der Norditaliener Giovanni Bo entwarf die neue Cantine di Ca' Marcanda von Angelo Gaja, einem der bekannten piemontesischen Winzer, der seit einiger Zeit auch in Castagneto Wein keltert.

Die moderne Struktur des Hauses Gaja passt sich der Landschaft an. Der Architekt nutzte ausschließlich natürliche Materialien. Diese architektonisch interessant gestalteten Weingüter können auf Anfrage fast alle besichtigt werden.

Der Schweizer Stararchitekt Mario Botta baute für den Winzer Vittorio Moretti auf dessen Weingut Petra bei Suvereto einen futuristischen Weinkeller. Für seine Anlage nutzte Botta ausschließlich lokale Materialien. Der Haupteingang in den Weinkeller erinnert an eine Bühnendekoration. Vittorio Moretti ist mit seinem Weinkeller ein Hauptanziehungspunkt für Weinliebhaber (alle Bilder).

nernden Qualität für so großes Aufsehen, dass der Graf daraus ein Geschäft machte.

Der heutige Sassicaia, ein Blend aus Cabernet-Franc- und Cabernet-Sauvignon-Trauben, ist einer der ganz großen Rotweine Italiens, der, je länger er lagert, immer besser und eleganter im Geschmack wird. Er braucht deshalb den Vergleich mit dem besten Bordeaux nicht zu scheuen.

Etwas nördlich von Bolgheri liegt an einem Hügel Bibbona, ein unscheinbarer Ort, aber mit viel Atmosphäre, von dem aus sich an klaren Tagen ein fantastischer Blick auf das Meer und die Küste bietet.

Im Land der Etrusker

Volterra, von den Etruskern gegründet, erhebt sich in einer zauberhaften Landschaft, die von jahrhundertelangen Erosionen gestaltet wurde. Eine herbe und leicht braune Landschaft mit schwerer Erde und viel Landwirtschaft. Diese Gegend wird Balze genannt, das heißt Abstürze, denn immer wenn es stark regnet, kann es geschehen, dass ein Teil des Tuffsteinbergs, auf dem sich Volterra erhebt, in den Abgrund stürzt.

In den letzten Jahrzehnten fielen den Felsabbrüchen bereits ein Teil der etruskischen Stadtmauern, ein Kloster und eine Kirche zum Opfer. Durch die Abbrüche wurden Reste der voretruskischen Villanova-Kultur aus dem 10. bis 8. Jahrhundert v. Chr. freigelegt, die man sonst nie gefunden hätte.

Volterra war zurzeit der Etrusker eine der Kommunen, die unter dem Namen Velathri zum Zwölferbund Etruriens gehörte, der Landschaft, in der dieses rätselhafte Volk lebte, dessen genaue Herkunft immer noch unbekannt ist.

Interessant ist die erstaunlich gut erhaltene etruskische Stadtmauer. Noch heute betritt der Volterrabesucher die Altstadt durch das über 2400 Jahre alte Stadttor, den Arco Etrusco. Im Museo Guarnacci

sind rund 650 Sarkophage und Urnen der Etrusker ausgestellt. Faszinierend sind die vielen realistischen Darstellungen der Verstorbenen auf den steinernen Deckeln der Sarkophage. Besonders ergreifend ist die Darstellung verstorbener Ehepaare, die sich eng umschlungen halten und auch nach über 2000 Jahren immer noch von tiefer Liebe erzählen.

Kurios sind die im Museum ausgestellten Bronzestatuen, die Ombra della Sera, Abendschatten, genannt werden. Es handelt sich um spindeldürre und lang gezogene Skulpturen von Menschen. Sie erinnern an die Werke des berühmten Schweizer Bronzekünstlers Alberto Giacometti (1901–1966). Originalgroße Kopien dieser etruskischen Skulpturen werden in allen Größen und Preisklassen überall in Volterra verkauft.

Das etruskische Volterra wurde durch den Handel mit Eisenerz und Alabaster sehr wohlhabend. Der Reichtum der Stadt wurde mit einer sieben Kilometer langen Mauer gesichert, die ein für damalige

Fortsetzung Seite 128

123

Nomen etruscum

Ein altes Kulturvolk gibt Rätsel auf

Kaiser Claudius war der einzige römische Imperator, der sich für die Etrusker interessierte. Dieses mysteriöse Volk hatte vor den Römern weite Teile Mittelitaliens besiedelt. Seine Sprache, die bisher nur teilweise enträtselt wurde, hat keine indogermanischen Wurzeln. Ihre Ursprünge sind unbekannt.

Auch die Frage, woher die Etrusker kamen, kann immer noch nicht endgültig beantwortet werden. Einige Etruskologen meinen, dass dieses Volk mit den Basken verwandt sei. Tatsächlich ähneln sich bestimmte Worte im Baskischen mit dem Etruskischen. Die Alphabetschrift der Etrusker ist vom griechischen Alphabet abgeleitet, aber damit enden auch schon die Übereinstimmungen.

Klare Antworten sind nicht möglich, und auch die in den letzten Jahren durchgeführten DNA-Untersuchungen an etruskischem Knochenmaterial helfen nicht weiter, um definitive Rückschlüsse zu ziehen.

Klar ist hingegen, wo und wie die Etrusker lebten. Seit dem 10. Jahrhundert v. Chr. siedelten sie in der Toskana und im nördlichen Latium. Die Etrusker bildeten Stadtstaaten, die bis Ende des 6. Jahrhunderts v. Chr. unter der Herrschaft von Königen und dann unter Oberbeamten standen. Diese Stadtstaaten schlossen sich dann zu einem politisch lockeren Zwölfstädtebund zusammen, der seinen religiösen Mittelpunkt im Heiligtum von Voltumna hatte. Zwischen 575

und 470 regierte das etruskische Geschlecht der Tarquinier in Rom und wurde somit zum Begründer des römischen Stadtstaates und fast aller seiner religiösen und politischen Institutionen. Ab dem 4. Jahrhundert führte der Aufstieg Roms zum Niedergang der Etrusker und ihrer Kultur. 264 v. Chr. wurde diese Unterwerfung vollendet.

Interessant ist vor allem die etruskische Kunst. Sie ist eine vom Orient beeinflusste, aber

Nekropolen, die auf einen regen Handel im nahezu gesamten Mittelmeerraum hindeuten.

Die etruskische Kunst ist vor allem aufgrund ihrer Gräber bekannt. Im 7. Jahrhundert entstanden Tumuligräber, das sind Kammergräber aus Steinblöcken unter Erdhügeln, wie zum Beispiel in Vulci und Vetulonia. Diese Gräber waren oft reich ausgemalt und mit aus dem Fels geschlagenen Totenbetten ausgestattet. Auf diesen Steinbänken standen die marmornen Sarkophage der Etrusker, die häufig realistische Porträts der Verstorbenen zeigten. Die Wandmalereien der Gräber zeigen landschaftliche Bilder, aber auch Schlachtenszenen, Todesdämonen und Unterweltgottheiten.

Die Etrusker waren begabte Baumeister. Neben ihren Tempeln, die sie immer auf einem hohen steinernen Sockel errichteten, bauten sie auch Hafenanlagen wie in Tagliata Etrusca und bei Ansedonia südlich von Grosseto. Wie ihre Kunst war auch die Religion der Etrusker mit griechischen und orientalischen Elementen durchsetzt. Ihrem religiösen Denken lagen Vorstellungen zugrunde, die von einem Leben nach dem Tode ausgingen. Der religiöse Glaube war eindeutig polytheistisch. Man verehrte viele verschiedene Gottheiten. Von den Etruskern übernahmen die Römer vor allem deren Kenntnisse in der Weissagung. So kommt der Glaube, das Schicksal durch die

Bestimmung des Vogelflugs und der Leberschau voraussagen zu können, von den Etruskern.

Der Gladiatorenkampf der Römer hat ebenfalls etruskische Wurzeln. Diese Kämpfe, die als Sujets häufig an den Wänden zahlreicher Gräber zu finden sind, hatten allerdings eine rituelle Bedeutung.

1 Etruskischer Sarkophag mit liegendem Paar, Cerveteri.
2 Tomba Ildebranda in der Nekropole von Sovana.
3 Reste der Etruskerstadt Rusellae bei Grosseto.
4 Archäologisches Museum, Museo Etrusco Romano, Cécina.
5 Etruskische und römische Nekropolen bei Sovana. Ein tief in Tuffstein eingehauener Weg führt zu den Gräbern.
6 Vor mehr als 2000 Jahren in den weichen Tuffstein geschlagen.

dennoch sehr eigenständige Kunstgattung mit archaischen Einflüssen aus dem alten Griechenland. Enge Beziehungen zum Orient und zu Griechenland beweisen auch Grabungsreste in den etruskischen Städten und

Verhältnisse großes Stadtzentrum umschloss, rund 102 Hektar. Die mittelalterlichen Stadtmauern umfassten hingegen nur 26 Hektar.

Die Piazza dei Priori ist das eigentliche Schmuckstück der Altstadt. Es handelt sich um einen der eindrucksvollsten mittelalterlichen Marktplätze Italiens mit zinnenbekrönten Palazzi und Türmen. Der Palazzo dei Priori aus dem 13. Jahrhundert ist eines der besterhaltenen Bauwerke der Stadt. Für den romanischen Dom schufen Renaissancekünstler wie Mino da Fiésole (1429–1484) eindrucksvolle Skulpturen. Das Battisterio, die Taufkapelle, enthält ein besonders schönes Taufbecken des Bildhauers Andrea Sansovino (1460–1529).

Ein mittelalterliches Stadtviertel wie aus einem Historienfilm ist das Quadrivio dei Buonparenti mit engen Gassen und uralten Häusern, kunstvoll verzierten Fenstergiebeln und Türen, kleinen Plätzen und Brunnen. In der Pinacoteca im Museo Civico wird große Kunst geboten, vor allem aus der Renaissance. Fast jede Gemeinde beauftragte in dieser Zeit Künstler, Werke für ihre Kirchen und Paläste zu schaffen.

Immer wieder stößt man bei einem Spaziergang durch Volterra auf Alabasterwerkstätten, in denen man auch mehr oder weniger geschmackvolle Andenken erwerben kann. Die Verarbeitung dieses hellen Marmorsteins hat in Volterra eine uralte Tradition. Schon die Etrusker meißelten aus Alabaster Schalen und Trinkgefäße.

Südlich von Volterra erhebt sich in 420 Metern Höhe und mauerumkränzt Casole d'Elsa, ein Bilderbuchdorf. Alle Gebäude stammen aus dem Mittelalter und der Renaissance. Die Kirche S. Maria, der Palazzo Porrina und die anderen alten Gebäude, die Stille der Gassen und die alten Tante-Emma-Läden erzeugen eine Atmosphäre, die an die 1950er Jahre erinnert, als die Toskana touristisch noch unerschlossen war.

Etruskisch wird es wieder in Vetulonia, einem kleinen Ort im Süden der Westtoskana. Drei Kilometer nordöstlich des Dorfes befindet sich mitten in der Natur eine etruskische Totenstadt. Sie ist über einen zauberhaften Wanderweg zu erreichen, und man fühlt sich wie zu Goethes Zeiten, wenn man dann endlich die von Büschen, Sträuchern und Efeu überwachsenen Ruinen zu sehen bekommt. Romantisches Italien!

Die meisten der Gräber stammen aus dem 7. Jahrhundert v. Chr. Man sollte bei diesem Erkundungsgang hohes Schuhwerk anziehen, vor allem wenn man in die Grüfte hinabsteigt, denn Schlangen sind hier keine Seltenheit und sie können gefährlich zubeißen. So gut wie keines der Gräber ist ausgeschildert. Wer Zeit hat, sollte sich in dieser herrlichen Landschaft, die sich seit Jahrhunderten nicht verändert hat, treiben lassen, von einem Grab zum anderen.

Zwischen Meer und Hügeln

Von Vetulonia aus ist es nicht weit bis ans Meer, an den Küstenabschnitt von Castiglione della Pescáia. Der Pinienwald reicht hier bis

ans Meer. Reizvoll ist auch ein Ausflug nach Punta Ala, eine Land-
zunge, die einige Kilometer weit ins Meer hineinreicht. Hier bestimmen typische Mittelmeervegetation und lange Sandstrände das Land-
schaftsbild. Alles ist auf den Tourismus ausgerichtet. Es gibt einen
der größten italienischen Jachthäfen, einen Panorama-Golfplatz und
sehr komfortable Hotels der obersten Preiskategorie.

Eine etruskische Stadt war auch Populónia. Der heutige kleine
Ort präsentiert sich mit einer fast vollständig erhaltenen Architektur
aus dem 14. Jahrhundert. Die etruskischen Bewohner von »Pupluna«
begruben ihre Toten in der Nähe des Meeres, am malerischen Golf
von Baratti, in den Schlackenbergen, die bei der Erzgewinnung entstanden sind. Am Golf von Baratti lockt ein feiner und gepflegter
Sandstrand.

Im Hinterland von Populónia locken die Colline Metallifere zum
Wandern. Das toskanische Erzgebirge ist geologisch immer noch

Links oben: **Alabasterwerkstatt
in Volterra.**
Oben: **Mittelalterliche Pracht:
Piazza dei Priori in Volterra.**
Links: **Stattliches Rathaus:
Palazzo dei Priori in Volterra.**

nicht zur Ruhe gekommen. An verschiedenen Stellen kommt kochend heißes Wasser in kleinen Seen zum Vorschein, die sogenannten »lagoni«. Es gibt aber auch Dampfausströmungen, die »soffioni boraciferi«. Das gesamte Gebiet wurde deshalb im Mittelalter als Höllental gefürchtet.

Diese geothermischen Phänomene lassen sich beim Wandern erkunden. Überall sind grüne und rote Diasporgesteine zu sehen, die aufgrund des Dampfes weiß oder durch Schwefelablagerungen gelblich gefärbt sind.

Die dünn besiedelten Colline Metallifere sind mit Wäldern bedeckt. Man sollte das toskanische Erzgebirge an besonders heißen Tagen erkunden, wenn es am Meer und in den Städten nicht auszuhalten ist. In den Bergen hingegen ist es auch an solchen Tagen immer erstaunlich frisch. Als Ausgangspunkt empfiehlt sich das Naturschutzgebiet Cornate. Sehr romantisch ist ein Ausflug zum Schloss von Fosini. Auf dem Weg dorthin lockt die tiefe und wilde Schlucht des Rio Risponti.

In San Vincenzo, einem kleinen Küstenort nördlich von Populónia, wird der Strand nicht nur zum Sonnen und Spazierengehen genutzt. An den Ostertagen findet direkt am Meer ein besonderer Palio statt, ein spektakuläres Pferderennen, bei dem die Reiter mit ihren Pferden über den Sand jagen.

Vom Meer ist es nicht weit nach Massa Marittima, einer in rund 400 Metern Höhe gelegenen Ortschaft, die im Sommer von Touristen sehr überlaufen ist. Massa Marittima bietet einen fast vollständig erhaltenen historischen Stadtkern mit hübschen Geschäften und Konditoreien. Das Prunkstück von Massa Marittima ist der romanische Dom, der von mehreren Seiten über eine große Treppenanlage zu erreichen ist. Im Kircheninneren verschlägt es Kunstfreunden den Atem. Über dem Altar hängt ein besonders schönes bemaltes Holzkreuz von Giovanni Pisano (um 1248–um 1314), eines der unbestrittenen Meisterwerke romanischer Kunst Italiens. Im Domminneren befinden sich einige der schönsten Kunstwerke der italienischen Romanik. Darunter ein Taufbecken des Girolamo da Como aus dem 13. Jahrhundert. Hinter dem Hauptaltar befindet sich die Arca di S. Cerbone, ein reich verziertes Grabmal des Künstlers Goro di Gregorio (13. Jh.). Auch wenn die Madonna delle Grazie aus der Werkstatt von Duccio di Buoninsegna (um 1255–1318/19) leicht beschädigt ist, gehört dieses Tafelbild zu den künstlerischen Höhepunkten des Doms.

Zeitgenössische Kunst und viel Natur bietet hingegen einer der ungewöhnlichsten Gärten der westlichen Toskana. Der Parco della Sterpaia in Carlappiano bei Piombino ist erst in den späten 90er Jahren entstanden, zieht aber bereits Kunstinteressierte aus aller Welt an. Der Garten ist immer noch ein echter Geheimtipp, den die meisten Toskanabesucher nicht auf ihrer Liste der Sehenswürdigkeiten haben.

Der 24 Hektar große Park und Wald liegt hinter einer Meeresdüne und geht in die typische Mittelmeervegetation über. Durch den Park führt ein Weg von einem Kunstwerk zum anderen. Die einzelnen Objekte des Bildhauers Marcello Guasti, die an das Schaffen von Schriftstellern wie Eugenio Montale und Dylan Thomas erinnern sollen, wirken wie direkt aus der Natur erwachsen. Ein idyllischer und fast weltferner Ort, an den sich nur wenige Reisende verirren.

Oben: **Bei Pomáia liegt das buddhistische Zentrum »Istituto Lama Tzong Khapa«.**
Rechts: **Umgebung von Pomáia.**

Orte der Ruhe und Kraft

Die schönsten Klöster der Toskana

Die Toskana war im Mittelalter eine jener Regionen Italiens, in denen große und reiche Orden zu den eifrigsten Bauherren gehörten. Heute kann man die meisten Klosteranlagen besichtigen. Hier soll neben den in den einzelnen Kapiteln bereits vorgestellten Klöstern nur eine Auswahl weiterer Adressen genannt werden. Etwa fünf Kilometer südlich von Florenz liegt das 1342 gegründete Kartäuserkloster Certosa del Galluzzo. In der Pinakothek, dem ehemaligen Refektorium, sind Fresken vom Renaissancemaler Pontormo (1494–1556) und Werke anderer Künstler jener Epoche zu besichtigen. Die Klosteranlage mit ihrer Kirche San Lorenzo ist vollständig erhalten.

In der Provinz von Arezzo, bei der Ortschaft Foiano della Chiana, gründeten Benediktiner im 9. Jahrhundert eine Niederlassung. Daraus entstand die Abbazia di Farneta. Interessant ist vor allem die große Krypta. Es handelt sich um drei Räume, die zum Teil ausgemalt sind.

Ein barockes Kloster, selten in der Toskana, findet sich in Calci, in der Provinz von Pisa. Die Certosa di Pisa, so ihr Name, entstand im 14. Jahrhundert, wurde aber im 17. und 18. Jahrhundert barockisiert. Besonders schön ist die breite und aufwendig geschmückte Fassade. Im Inneren gibt es gleich zwei Kreuzgänge. Nördlich von Lucca, in der Nähe der Ortschaft Marradi, liegt mitten in der Natur die mittelalterliche Klosteranlage Badia del Borgo. Sie ist der heiligen Reparata gewidmet und wurde wahrscheinlich im 9. Jahrhundert gegründet. Die scheinbare Weltabgeschiedenheit des Klosters verzaubert diesen Ort. Im Inneren des Klosters ist eine Reihe von Gemälden aus der Schule des Domenico Ghirlandaio (1449 bis 1494) zu besichtigen.

Der lombardische König Ratchis ließ im 8. Jahrhundert die Abbazia di San Salvatore am südli-

5

6

4

chen Rücken des Monte Amiata erbauen. Die ursprünglich reiche Benediktinerabtei wurde später von Zisterziensern übernommen. Die wertvollen Bücher der berühmten Bibliothek wurden nach der Auflösung aller toskanischen Ordensgemeinschaften 1782 durch Großherzog Leopold I. nach Florenz gebracht, darunter auch die berühmte Bibbia Amiatina, eine Bibel aus dem 8. Jahrhundert.

Ebenfalls in der Natur liegt in 400 Metern Höhe das Convento delle Celle bei Cortona. Gegründet wurde diese Einsiedelei von Franz von Assisi zwischen 1211 und 1221. Zu besichtigen gibt es eine Klosterzelle, in der der Heilige gewohnt haben soll.

Versteckt zwischen Büschen und Bäumen liegt auch das Bosco ai Frati dei Barberino di Mugello. Es handelt sich um eine der ältesten franziskanischen Gründungen in der Toskana. Die Einheimischen glauben, dass der Geist des Franz von Assisi hier besonders spürbar sei. Die heutige Anlage wurde nach einem Entwurf des berühmten Renaissancearchitekten Michelozzo (1396–1472) im frühen 15. Jahrhundert errichtet. Großherzog Cosimo de' Medici ließ das Kloster reich ausschmücken. Das Innere der Klosterkirche verfügt über einen wahren Schatz, eines der ausdrucksstärksten Kruzifixe von Donatello. Gegen ein kleines Entgeld für die Mönche kann in der Sakristei ein weiteres Meisterwerk der Renaissance besichtigt werden, ein Kruzifix von Desiderio da Settignano (1428–1464) mit einer ungemein realistisch wirkenden Christusdarstellung.

Das Umland von Bosco ai Frati bietet schönste Nordtoskana, mit dichten und alten Wäldern und einem Blick auf den Apennin und zum Castello di Cefaffiolo, das 1451 ebenfalls von Michelozzo entworfen wurde.

Wo immer Sie ein Kloster entdecken, klingeln Sie einfach. Gern zeigen Ihnen freundliche Ordensfrauen und Mönche die von ihnen verwahrten Kunstschätze.

1 Zu besichtigen: Klosterbibliothek und Klosterapotheke der Abbazia di Monte Oliveto Maggiore.
2 Abbazia di Monte Oliveto Maggiore: Kreuzgang mit Fresken von Luca Signorelli und Sodoma.
3 Haupteingang zu den Mönchszellen. 4 Im Chor verwendete man antike Säulen wieder.
5 Hauptkirche der Abbazia.
6 Die Einsiedelei Eremo e Monastero di Camaldoli liegt mitten im Parco Nazionale Foreste Casentinesi.

135

Auf den Spuren der Etrusker

Der Süden

Südlich von Siena beginnt eine faszinierende Gegend, deren landwirtschaftlich genutzte tiefbraune Erde mit den von Wolken verursachten Lichtwechseln immer wieder anders aussieht, immer wieder neu. In dieser Landschaft liegt Murlo. Vor über 2500 Jahren lebten in diesem Ort die Etrusker, was nicht erstaunlich ist, denn dieses vorrömische Volk hatte sich in der gesamten Toskana niedergelassen. Ungewöhnlich ist aber, dass die heutigen Bewohner des kleinen Murlo noch annähernd die gleiche DNA besitzen wie die Etrusker. Das haben Wissenschaftler aus den USA und aus Italien herausgefunden.

Vor mehreren Jahren wurde die DNA aller Bewohner von Murlo genauestens untersucht und mit den DNA-Resten etruskischer Skelette verglichen. Und siehe da, die Übereinstimmungen waren erstaunlich. Schaut man sich die Gesichter der Menschen in Murlo an und vergleicht ihre Profile mit denen der Figuren auf etruskischen Sarkophagen, lassen sich tatsächlich Ähnlichkeiten feststellen. Wie auch immer, die Geschichte um die nachgewiesenen Übereinstimmungen in puncto DNA fasziniert, und die Murlesen wollen Gewinn daraus schlagen. Sie versuchen Touristen anzuziehen, die sich die Nachfahren der Etrusker anschauen und auch ein bisschen Geld ausgeben sollen.

Ganz oben: Romanisches Kapitell an der Klosterkirche Sant'Antimo. Mitte: Oben: Das Kurhotel »Terme di Satúrnia« gehört zu den schönsten Thermalhotels der Welt. Rechte Seite: Abgelegen in mitten der Natur: Die Abbazia di Monte Oliveto Maggiore.

Von Klöstern und Weinbergen

Von Murlo aus führt eine romantische Landstraße nach San Galgano, eine der romantischsten Ruinen der Toskana.

Die Zisterzienserabtei San Galgano erhebt sich mitten in der Natur mit einer Wiese als Kirchenfußboden und einem Himmel als Dach. Besonders schön ist es hier frühmorgens und abends vor dem Sonnenuntergang. Die Vögel fliegen durch die hohen Fenster, Katzen

schleichen über die Wiesen und Grillen zirpen in den alten Gemäuern. Ein Ort zum Träumen, mit einer Ruine, wie man sie eher in England oder Schottland, aber nicht in Italien vermuten würde.

Die Abbazia di Monte Oliveto Maggiore hingegen ist keine Ruine. Errichtet im 15. Jahrhundert und immer wieder aus- und umgebaut und reich mit Kunstwerken ausgeschmückt präsentiert sich die Abtei, von einem dichten und malerischen Zypressenwald umgeben, auf einem Hügel wie eine mächtige Burg des Glaubens. Luca Signorelli (um 1445–1523) und Sodoma (1477–1549), zwei der bedeutendsten Maler der Renaissance, hinterließen hier einen beachtlichen Freskenzyklus über das Leben des heiligen Benedikt.

Fragt man die Mönche der Abbazia di Monte Oliveto Maggiore, welchen Wein sie bevorzugen, den Brunello di Montalcino oder den

Vino Nobile di Montepulciano, kommt es unter ihnen zu keiner Einigung. Im Refektorium wird mal der eine und dann wieder der andere Tropfen kredenzt. So sind beide Weinfraktionen zufrieden.

Man kann sie beide mögen, die roten Fürsten unter den Toskanaweinen, die an den Hängen um die Ortschaften Montalcino und Montepulciano angebaut werden. Der Brunello di Montalcino ist sicherlich einer der bemerkenswertesten Rotweine der Toskana. Er wird aus der Brunello genannten Sangiovese-Grosso-Traube gewonnen. Für diesen Wein ist eine vierjährige Lagerung fest vorgeschrieben. Obgleich dem Brunello die Klasse eines ausgezeichneten Vino Nobile di Montepulciano und auch die Finesse

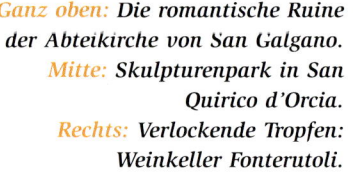

Ganz oben: Die romantische Ruine der Abteikirche von San Galgano.
Mitte: Skulpturenpark in San Quirico d'Orcia.
Rechts: Verlockende Tropfen: Weinkeller Fonterutoli.

des Sassicaia aus der westlichen Toskana fehlt, ist er dennoch ein hervorragender Tropfen.

Der Vino Nobile di Montepulciano wird im Wesentlichen aus der Prugnolo-Gentile-Traube gekeltert mit Zusätzen von Canaiolo, Trebbiano, Malvasia und anderen Sorten. Er ist ein sehr eleganter Wein mit einem großen Charakter.

In verschiedenen »cantine«, Weinkellern, können beide Weine in Montalcino und Montepulciano verkostet werden. Beide Orte reizen auch zum Erkunden, wobei das historische und vorwiegend mittelalterliche Zentrum von Montalcino nur klein ist. Montepulciano hingegen präsentiert sich als Städtchen mit Palästen und Kirchen aus dem Mittelalter und der Renaissance. Hier »erfand« 1978 der deutsche, in Italien lebende Komponist Hans Werner Henze den »Cantiere Internazionale d'Arte«, ein Sommerfestival mit viel Musik und Oper, das noch heute Musikliebhaber aus ganz Europa anzieht. Während dieses Festivals, an dem nicht nur die Besucher, sondern auch die Ein-

LIGURISCHES
MEER

Riviera degli Etruschi

ÍSOLA
DI CAPRÀIA

San Vincenzo

Campiglia

Suvereto

San Lorenzo

Populónia

Venturina

Massa Marittima

Piombino

Portoferráio

ÍSOLA D'ELBA

Porto Azzurro

Marina
di Campo

Scarlino

Vetulonia

ÍSOLA
DI PIANOSA

Castiglione
della Pescáia

Grosseto

Marina di
Grosseto

TOSKANISCHES

ARCHIPEL

Maremma

San Galgano

Monticiano

Murlo

Buonconvento

Lucignano
d'Arbia

Abb. di M. Oliveto

Montalcino

Pienza

Montepulciano

Abbazia
Sant' Antimo

Chianciano
Terme

Chiusi

S. Quirico d'Orcia

Seggiano

1738 m
M.Amiata

Bagno
Vignoni

San Casciani
dei Bagni

Abbadia
San Salvatore
Saturnia

Radicofani

Val d'Orcia

Orcia

Cornia

Ombrone

Albegna

0   20 km

Terme di
Satúrnia

Sorano

Sovana

Pitigliano

Magliano
in Toscana

Lago di
Bolsena

Capalbio

Porto
S. Stefano

Orbetello

Ansedónia

M. Argentario

Porto
Ércole

ÍSOLA DI
MONTE CRISTO

ÍSOLA
DEL GÍGLIO

Gíglio Porto

Tuscánia

LATIUM

0   20 km

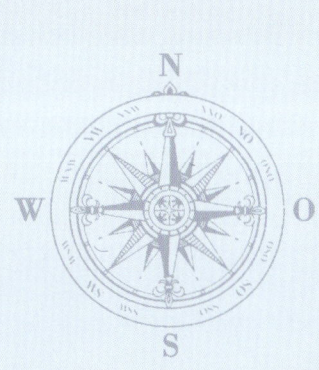

*Rechts: Pinienwald bei
Marina di Grosseto.*

wohner teilnehmen, verwandelt sich an manchen Abenden der ganze Ort in ein Freilufttheater.

Etwas außerhalb von Montepulciano erhebt sich ein Renaissancejuwel: die Kirche San Biagio aus dem 16. Jahrhundert, ein Hauptwerk des Baumeisters Antonio da Sangallo des Älteren (um 1460 bis 1534) in Form eines griechischen Kreuzes. Dieser elegante Bau ist aus goldgelbem Travertin errichtet.

Zwischen den beiden Orten, die sich um den Ruf des besten Weines aus der Toskana streiten, thront auf einem Hügel der urbane Traum eines Renaissancepapstes.

Papst Pius II. (1405–1464) wollte im 15. Jahrhundert aus seinem kleinen und relativ unbedeutenden Geburtsort mit Namen Corsignano eine ideale Stadt nach den geometrischen Vorstellungen der Renaissance gestalten. Auch wenn der bevorzugte Baumeister des

Links und links unten: **Der bezaubernde Wein- und Festivalort Montepulciano.**
Unten: **Meisterwerk der Renaissance über dem Grundriss eines griechischen Kreuzes. Antonio da Sangallos Wallfahrtskirche Madonna di San Biagio vor den Toren Montepulcianos entspricht den architektonischen Idealvorstellungen nicht nur von Leonardo da Vinci. Die Anlage geht auf einen nicht ausgeführten Plan von Bramonte für den Petersdom in Rom zurück.**

Kunst und Kuren südlich von Montalcino

Südlich von Pienza bei Seggiano lebt Daniel Spoerri. Der international berühmte Schweizer Installationskünstler residiert in einer Villa mit einem großen Landschaftspark.

In diesem Park, der besichtigt werden kann, stehen rund 70 Kunstwerke von Spoerri und anderen europäischen Künstlern. Die zum Teil wilde Natur des Parks und die Skulpturen sowie Installationen gehen eine eigentümliche Symbiose ein, deren Faszination man sich nur schwer entziehen kann. Man sollte allerdings gutes Schuhwerk bei der Besichtigung des Kunstparks mitbringen, denn wenn es vorher geregnet hat, kann es sehr matschig werden.

Südlich von Montalcino erhebt sich mitten in einer sanft hügeligen Landschaft, die romantischer nicht sein kann, die Abbazia di Sant'Antimo, eine einsam gelegene mittelalterliche Abtei. Das romanische Gotteshaus beeindruckt durch seinen Innenraum mit kunstvoll verzierten Kapitellen. Man sollte die Abtei spätnachmittags besuchen, wenn die sinkende Sonne durch die Onyxfenster in die Kirche scheint und eine eigentümlich weltferne Stimmung erzeugt.

Im südöstlichsten Winkel der Toskana liegt Chiusi in rund 400 Metern Höhe. Eine kleine Ortschaft mit knapp 9000 Seelen. Unter dem Namen Chamars war Chiusi unter den Etruskern ein politisches und wirtschaftliches Zentrum. Interessant ist, dass sich das heutige mittelalterliche Ortszentrum nach dem altrömischen Grundriss ausrichtet, der sich, wie archäologische Grabungen ergeben haben, wie-

Papstes, Bernardo Rossellini (1409–1464), nur einen Teil dieses ehrgeizigen Projekts verwirklichen konnte, einige herrliche Paläste und die ungemein harmonisch wirkende Piazza Pio II., kann man sich ein ungefähres Bild davon machen, wie Pienza, so der vom Papst gewählte neue Name für Corsignano, einmal hätte aussehen sollen. Der Blick von der Via del Castello, einem reizvollen Fußgängerweg, in das weite Tal, das Val d'Orcia, ist vor allem bei Sonnenuntergang umwerfend.

Das Val d'Orcia ist ein Traumtal mit sanften Hügeln, die landwirtschaftlich bebaut werden, mit einzelnen wie verstreut liegenden Gehöften und mittelalterlichen Türmen mit Zypressengruppen, die sich, wie von Landschaftsarchitekten ganz bewusst angepflanzt, mitten auf wellenförmigen Feldern erheben. Diese fast schon meditative Landschaft zieht viele ausländische Toskanafreunde an.

5

6

4

1–6: Bei Seggiano, nicht weit von Pienza entfernt, hat der Schweizer Künstler Daniel Spoerri einen Skulpturenpark geschaffen. Neben seinen eigenen Werken stellt er hier auch die seiner Freunde aus. Rund 50 Kunstwerke befinden sich in Spoerris Skulpturenpark, die bei einem Spaziergang erwandert werden sollen.

Rechts: Mittelalterliches Rathaus Palazzo Comunale in Pienza.
Großes Bild: Blick auf Pienza.
Unten: Die Kathedrale Santa Maria Assunta in Pienza.
Rechts unten: Fresken des Malers Sodoma im Kreuzgang der Abtei von Monte Oliveto Maggiore.

derum an der etruskischen Bausubstanz orientiert hat. Rund 3000 Jahre Kulturgeschichte sind hier auf faszinierende Weise an einem Ort vereint.

Der romanische Dom verfügt über ein Museum mit einer beachtlichen Sammlung religiöser Kodexe aus der Renaissance, die aus dem Kloster Monte Oliveto stammen. Diese Handschriftensammlungen sind mit herrlichen Miniaturmalereien versehen. Unbedingt besichtigen sollte man auch das archäologische Nationalmuseum. Hier sind prächtige Kunstwerke der Etrusker, die in den letzten 100 Jahren in Chiusi und Umgebung bei Ausgrabungen gefunden wurden, ausgestellt. Ein Teil dieser Kunstwerke, die von Bauern und Grabräubern entdeckt wurden, befindet sich leider im Ausland, vor allem in den USA. Italiens Kulturminister versuchen seit Jahren, diese gestohlenen Kunstwerke nach Italien zurückzuholen.

Die ehemaligen Etruskerstädte der Toskana sind von Grabfeldern umgeben, die immer wieder von »tombaroli« heimgesucht werden, wie man in Italien professionelle Grabräuber nennt. Der Umstand, dass die Nekropolen der Etrusker in einer weitgehend unberührten und höchstens landwirtschaftlich genutzten Gegend zu finden sind, übt auf den Reisenden einen großen Reiz aus, erleichtert Kunstdieben aber auch das Handwerk, denn sie können nachts und manchmal sogar tagsüber relativ ungestört ans Werk gehen.

Nicht weit von Chiusi entfernt kann sich der Toskanareisende in heilenden Wassern erholen, die bereits die Etrusker und Römer zu schätzen wussten.

San Casciani dei Bagni ist eine uralte Thermalanlage, die seit den 1950er Jahren wieder verstärkt frequentiert wird. Die heutigen Thermalgebäude reihen sich um einen Portikus aus Travertin, der von

144

einem berühmten Kurgast, Großherzog Friedrich III. von Lothringen, errichtet wurde. Der Lothringer regierte nach dem letzten Großherzog aus der Familie der Medici im 18. Jahrhundert die Toskana. Nach dem Bad in den Heilquellen lohnt ein Besuch von Radicofani, ein düster wirkendes Dorf 800 Meter über dem Meeresspiegel, mit engen Gassen und Treppen. Ein magisch wirkender Ort, vor allem an Regentagen.

Zum Monte Amiata

In der südlichen Toskana erhebt sich der höchste Berg der Toskana und einer der höchsten Mittelitaliens. Der Monte Amiata misst stolze 1738 Meter. Ein Gigant, der im Winter ein bevorzugtes Skigebiet vieler Mittelitaliener ist. Seine Hänge sind mit Oliven und Kastanienbäumen bewachsen.

*Oben: Edelkastanienwald
beim Monte Amiata.
Rechts: Romanik pur:
Abbazia di Sant'Antimo.*

Südlich des Monte Amiata erhebt sich in dem Dorf Abbadia San Salvatore eine Klosteranlage, die Abbazzia di San Salvatore. Dieses Kloster war einmal das reichste der ganzen Toskana. Diese glanzvollen Zeiten sind längst vorbei, doch die einzelnen Bauwerke sowie die Kirche aus dem 11. Jahrhundert bieten immer noch einige beachtenswerte Kunstschätze, darunter eine vollständig erhaltene frühchristliche Krypta aus dem 7. Jahrhundert.

Entdeckungen tief im Süden

Der südlichste Teil der Toskana ist – unbegreiflicherweise und zum Glück – vom Massentourismus noch nicht entdeckt worden. Zwischen Sovana und Orbetello befinden sich tiefe Wälder und versteckt liegende Ortschaften sowie das »italienische Jerusalem«. So wird Pitigliano vor allem von Juden genannt. Diese kleine und uralte Ortschaft liegt in einer ungemein malerischen Landschaft.

Großes Bild: Auf Tuffsteinfelsen gelegen: Pitigliano in der südlichen Toskana.
Links unten: Spaziergang zum Dom Pietro e Paolo in Sovana.
Links: Im Inneren des Doms Pietro e Paolo in der kleinen Ortschaft Sovana.
Unten: Piazza Pretoria in Sovana.

Die Straße nach Pitigliano führt durch Wälder, die dann plötzlich den Blick auf ein mächtiges Tuffsteinplateau freigeben, auf dem sich die Ortschaft erhebt. Die einzelnen Gebäude, die meisten stammen aus dem Mittelalter, sind auf dem Felsen oder direkt an seinem Fuß errichtet worden. Jedes Haus wirkt wie aus dem Tuffstein geschlagen. Ein fantastischer Anblick auch abends, wenn der Felsen und die Häuser, die zu verschmelzen scheinen, geschickt durch Beleuchtung in Szene gesetzt werden.

In Pitigliano lebten lange Zeit Juden. Von der christlichen Bevölkerung wurden sie als Nachbarn nicht nur geduldet, sondern sogar geschätzt. Von Judenverfolgungen, wie in anderen Städten Italiens, war in Pitigliano nie die Rede.

Die Medicifürsten in Florenz verfolgten die Juden normalerweise nicht, und auch der Kirchenstaat ließ sie weitgehend in Ruhe leben. Erst nach dem Sturz von Benito Mussolini und der Besetzung Nord- und Mittelitaliens durch deutsche Truppen wurde der jüdischen Gemeinde ein Ende gemacht. Nach dem Krieg kamen nur wenige Juden wieder nach Pitigliano zurück. In den letzten Jahren hat die Stadtverwaltung verschiedene jüdische Gebäude Pitiglianos, darunter eine prächtige Synagoge, wieder vollständig restaurieren lassen.

In der Umgebung von Pitigliano wird ein berühmter Wein angebaut, der Bianco di Pitigliano, einer der ganz wenigen koscheren Weine Italiens, der nicht nur hier, sondern vor allem in den jüdischen Restaurants im ehemaligen Ghetto Roms ausgeschenkt wird. Der Bianco di Pitigliano ist ein DOC-Wein, also mit einem staatlichen Gütesiegel versehen, der leicht und frisch schmeckt. Er wird aus Trebbianotrauben gekeltert und mit Greco, Malvasia und Verdello versetzt.

Nördlich von Pitigliano erhebt sich, ebenfalls auf einem Tuffsteinplateau, Sovana, eine etruskische Gründung mit einem schönen romanischen Dom. Wer sich über die etruskische Nekropole erkundigen will, die romantisch mitten in der Natur liegt, kann das im

Fortsetzung Seite 156

1

2

3

1 Haupttreffpunkt von Grosseto
ist der Rathausplatz.
2 Der Dom San Lorenzo auf der
Piazza Dante Alighieri.
3 Dom von Grosseto.
4 Detail Domfassade in Grosseto.
5 Palazzo degli Aldobrandeschi:
Rathaus von Grosseto.
6 Entspannender Drink in der
gemütlichen Osteria Canapone an
der Piazza Dante Alighieri.
7 Mamorstatue von Leopold II.,
dem letzten Großherzog der
Toskana, auf der Piazza Dante
Alighieri in Grosseto.

Nachfolgende Doppelseite:
Show der Butteri, den letzten
Cowboys der Maremma, auf der
Azienda Marruchetone bei
Grosseto.

5

6

4

7

Wilder Westen all'italiana

Butteri in der Maremma

Was heute Toskanabesuchern urromantisch vorkommt, der Viehtrieb mit harten Kerlen, die auf hohen Rössern sitzen und lange Lederhosen tragen inmitten einer wild anmutenden Landschaft, hat eine lange und nicht unbedingt schöne Geschichte.

Das Meergebiet der südlichen Toskana wird Maremma genannt. In der römischen Antike lag hier die Kornkammer Roms. Landwirtschaft wurde auf großen Gütern und mit vielen Sklaven betrieben, doch die billigen Getreidelieferungen aus der vom Römischen Reich eroberten Provinz Ägypten ruinierten das Geschäft. So kam es schon vor dem Ende des Römischen Reiches im 5. Jahrhundert zu einer weiten Landverödung, zu Versumpfung und schließlich auch zu Malaria. Eine Realität, die sich bis ins 20. Jahrhundert hielt. Gedichte und Lieder beklagten jahrhundertelang die »bittere Maremma«. Die Armut der Landbevölkerung führte immer wieder zu Kriminalität und zur Selbstjustiz. Die Maremma wurde zu einer Art Wilder Westen all'italiana. Eine Landschaft für harte Männer, für Banditen und die italienischen Cowboys, Butteri genannt.

Das Wort »butteri« kommt aus dem Griechischen und bedeutet Herdenführer. Es wird aber auch für jene Mitarbeiter eines Bauernhofs verwendet, die sich um die Tiere kümmern.

Der Buttero aus der Maremma präsentiert sich heute als kräftiger Kerl mittleren Alters, mit Schweiß auf der Stirn, mit einem Jeanshemd und ledernen Hosen. Er treibt Pferde über die Felder oder die berühmten Stiere der Maremma, mit ihren langen und geschwungenen weißen Hörnern. Soweit die Postkartenidylle.

Die heutigen Butteri haben nur noch selten Namen aus der Toskana. Sie kommen aus allen italienischen Regionen, aber das wird von Reiseführern gern verschwiegen. Ihre Arbeit ist immer noch die gleiche wie vor Jahrhunderten. Auf Pferden treiben sie Herden an, beschlagen Pferde und kümmern sich um kranke Tiere. Wie ihre Kollegen, die amerikanischen Cowboys, haben sie ein Expertenauge, das in Sekundenschnelle erkennt, ob

5

6

4

ein Tier an irgendetwas leidet oder unter Kontrolle gehalten werden muss, weil es einen eigenwilligen Charakter hat. Weltberühmt wurden die Butteri aus der Maremma am 8. März 1890. An jenem historischen Tag stellten sie Amerikas berühmtesten Cowboy Buffalo Bill in den Schatten. Er soll, berichten zeitgenössische Zeitungsartikel, ganz

blass vor Wut geworden sein. Buffalo Bill war mit seiner damals berühmten und durch ganz Europa tingelnden »Wild West Show« auch in Italien unterwegs. In Livorno hatte er seine Zelte aufgeschlagen. Während eines Rodeos, in dem er siegessicher gegen lokale Butteri antrat, verlor er auf der ganzen Linie. Die Butteri wurden zu

Lokalheroen, und der berühmte Bill wurde ganz kleinlaut. Sieger dieses historischen Rodeos war ein Buttero mit dem Namen Augusto Imperiali, fortan liebevoll Augustello genannt. Noch heute wird er als Vorbild der Butteri verehrt.

Ein Buttero macht die gleiche Arbeit wie ein Cowboy. Das flache Land, die Bäume und weiten Wiesen, auf denen immer wieder alte Kirchtürme und Gehöfte stehen, sind ein idyllisches Ambiente für eine harte Arbeit. Ein Buttero sitzt auf einem handgefertigten Ledersattel, dem sogenannten »scafarda«, und hält in einer seiner Hände den »uncino«, einen Stock, mit dem er die Tiere vorantreibt.

Mehr über die Butteri, über ihre Geschichte, ihre Arbeit und die von ihnen organisierten Veranstaltungen kann man auf der Website www.butteri-altamaremma.it nachlesen. In der Maremma finden sich auch verschiedene Reiseveranstalter, die Pferdetrekkings auf den Spuren der Toskana-Cowboys organisieren. Ein Vergnügen für die ganze Familie.

1–6: Die Butteri, die letzten Cowboys der Maremma, arbeiten auch heute noch auf verschiedenen Bauernhöfen. Die meisten der Butteri sind heute ältere Männer. Für Touristen machen sie Vorführungen wie hier auf der Azienda Marruchetone bei Grosseto. Toskanabesucher können auf einigen Bauernhöfen den Butteri unter die Arme greifen oder mit ihnen in die wilde Landschaft der Maremma ausreiten.

Der ungewöhnliche Skulpturenpark der Niki de Saint Phalle

Niki de Saint Phalle (1930–2002) war eine ungewöhnliche Künstlerin. Sie wollte nicht einfach nur Skulpturen aus kleinen, bunten und leuchtenden Mosaiksteinen schaffen, sie wollte auch einen eigenen Skulpturenpark. Die international bekannte französische Malerin und Bildhauerin konnte sich diesen Traum in der Nähe von Capalbio erfüllen, einem Ferienort, der vor allem von linken Intellektuellen und Politikern frequentiert wird. Ein lokaler Prinz schenkte ihr dafür einige Hektar Land. Darauf schuf die Künstlerin den »Giardino dei Tarocchi«, den Tarot-Garten, In dem die meterhohen Kunstwerke und runden Gebäude betreten und erstiegen werden können. Niki de Saint Phalles Hauptanliegen war es, die 22 Figuren des Tarotkartenspiels in Skulpturen umzusetzen. Die Kunstwerke aus Zement und Polyester sind über und über mit bunten Keramikmosaiksteinchen verziert. In einer besonders gigantischen Skulptur, in Form einer liegenden und nackten Frau, wohnte die Künstlerin immer, wenn sie sich in ihrem Park aufhielt. Heute kann diese eigenwillige Residenz ebenfalls besichtigt werden.

Palazzo Pretorio tun, in dem sich das Dokumentationszentrum des »Territorio Sovanese« befindet. Besondere Aufmerksamkeit verdient die Kirche Ss. Pietro e Paolo. Das Gotteshaus befindet sich außerhalb der Ortschaft und ist ein Meisterwerk des hohen Mittelalters. Hübsch liegt auch Sorano, ein anderes mittelalterliches Dorfkleinod westlich von Sovana mit einer Mauer und einer Burg.

Auf dem Weg zum Meer und den Sandstränden der südlichen Toskana befindet sich Satúrnia, ein Dorf auf einem Tuffsteinmassiv im Tal der Albegna. Den Namen hat Satúrnia vom Gott Saturn, der auch ein mythischer König Italiens war und sich im heilenden Quellwasser von Satúrnia vergnügt haben soll. Den Göttern folgten die Römer, und noch heute wird in Satúrnia gekurt. Unter anderem in einer der luxuriösesten Thermenanlagen ganz Italiens. Wer's billiger oder ganz kostenlos mag, kann in Naturwannen, die seit Jahrtausenden genutzt werden, baden und kuren.

Links oben: *Im Skulpturenpark der Künstlerin Niki de Saint Phalle nahe Capalbio (Provinz Grosseto).*
Oben: *Postkartenidylle von Sorano, die Häuser sind ganz aus Tuff errichtet.*
Links: *Der »Parco Sculture del Chianti« in Pievasciata nahe Siena beherbergt Kunstwerke wie »Faith and Illusion« des indonesischen Künstlers Dolorosa Sinaga.*

Rechts: Fischer im Hafen von Porto Santo Stefano.
Unten: Der kleine Park Rocca Aragonese in Castiglione della Pescáia.
Ganz unten: Schattenspendende Pinienallee in der Maremma nahe San Vincenzo.
Rechte Seite: Wilder Strand bei Marina di Alberese bei Grosseto.

Nachfolgende Doppelseite:
Einer der elegantesten Jachthäfen Italiens: Porto Ércole.

Weiter geht es nach Magliano in Toscana. Unter den Etruskern wurde die Ortschaft Heba genannt. Aus der späteren Römerstadt wurde eine mittelalterliche Siedlung. Die Stadtmauer wurde im 15. Jahrhundert erbaut. Die Kirche San Martino ist das Schmückstück von Magliano. Errichtet wurde sie um das Jahr 1000. Ihre Fassade schmückt ein prächtiges Rundfenster aus dem Hochmittelalter.

Orbetello liegt nahe am Meer, auf einer Halbinsel zwischen zwei Lagunen am Fuße des Monte Argentario, inmitten von Olivenbäumen, Weinreben und Obstgärten. Die Landschaft ist einfach schön, weshalb im Sommer nicht wenige Römer anreisen, um zu wandern oder mit dem Fahrrad über die flachen und schmalen Landstriche zwischen Halbinsel und Küste Ausflüge zu machen und in Orbetello einen Stopp eizulegen.

Zu besichtigen gibt es einen Dom aus dem 14. Jahrhundert und ein

Antiquarium Civico, ein kleines Antikenmuseum, mit dem gut erhaltenen Frontstück eines etruskischen Tempels, eine echte Rarität. Reizvoll ist die nördlich von Orbetello gelegene Lagune, die rund 27 Quadratkilometer groß, aber nur zwei Meter tief ist. Ein WWF-Naturschutzpark, zu dem auch eine Pineta gehört, ein unberührter Pinienwald. Das acht Quadratkilometer große Naturschutzgebiet lädt zu Wanderungen und Pferdekutschfahrten ein.

Von Orbetello aus geht die Reise weiter zum Monte Argentario. Argentario wird auch die Halbinsel von den Italienern genannt. Viele wohlhabende Römer haben hier zwischen Zypressen und Pinien ihre luxuriösen Villen. Wer mit dem Pkw anreist, sollte die etwa 26 Kilometer lange Panoramastraße rund

um den Argentario abfahren und für einen Abstecher nutzen.

Porto Santo Stefano ist seit Menschengedenken ein Fischerdorf, hat aber im Zuge der touristischen Entwicklung ein wenig von seinem verschlafenen Charme verloren. Vor allem in der Sommersaison geht es hier hoch her. Vom Hafen aus verkehren Passagierschiffe zu der kleinen Insel Giglio. Porto Ércole ist ebenfalls ein alter Fischerort und wird wie Porto Santo Stefano von einer mächtigen Burganlage bewacht.

Monte Telegrafo ist der kuriose Name des 635 Meter hohen Berges auf der Halbinsel. Bei klarem Wetter ist von seiner Spitze aus nicht nur die malerische Küste gut zu sehen, sondern auch die einzelnen wie Oasen im Meer liegenden Inseln des toskanischen Archipels und sogar der ferne Monte Amiata.

Inseln und Strände

Landschaftsparadiese im toskanischen Archipel

Elba kennt jeder Italienreisende. Romantische Badebuchten, im Sommer stets überfüllt, Berge und Täler, die am besten im frühen Frühjahr und im späten Herbst zu genießen sind, wenn die Touristenmassen abgereist sind. Ebenso reizvoll wie das landschaftlich vielseitige Elba ist der Besuch der anderen Inseln des toskanischen Archipels. Inseln, die noch nicht zum Opfer der wie Heuschrecken einfallenden Sommertouristen geworden sind. Gorgona zum Beispiel, die nur 2,2 Quadratkilometer große Insel, liegt vor der Küste von Livorno. Sie ist ein kleines Landschaftsparadies. Lang war hier in der Villa Margherita ein gefürchtetes Gefängnis untergebracht. Heute bietet Gorgona wilde Natur und viel Stille. Sehr suggestiv ist der Sandstrand Cala Maestra im Norden und die Punta di Cala Scirocco im Süden. Das Schiff, das Gorgona mit Livorno verbindet, hält vor der Cala dello Scalo. Mit Holzbooten werden die Inselbesucher an Land gebracht.

Auch Capráia bietet wilde und viel unberührte Natur. Diese rund 20 Quadratkilometer große Insel ist von Livorno und Elba aus zu erreichen. Dieses Eiland will erwandert werden, weshalb man gutes Schuhwerk mitbringen sollte. Auf Taucher warten Korallenbänke und Unterwasserfelsen von großer Schönheit. Die Küste besteht fast nur aus Felsen, dann und wann von romantischen Grotten unterbrochen, die lediglich vom Meer aus oder zu Fuß zu erreichen sind. Besuchern werden Trekkingtouren angeboten, die bei heißem Wetter recht anstrengend sein können, doch der Wanderer wird mit einer herrlichen Landschaft

und atemberaubenden Ausblicken belohnt.

Auch auf der zehn Quadratkilometer großen Insel Pianosa, zu erreichen von der Hafenstadt Piombino aus, befindet sich ein Gefängnis. Pianosa, der Name steht für das Alcatraz all'italiana, ist ein ehemaliges Hochsicherheitsgefängnis, in dem Terroristen und Mafiabosse untergebracht waren. Schon die alten Römer legten auf der Insel ihre politischen Gegner in Ketten.

Pianosa darf nur mit einem Führer besichtigt werden, ansonsten darf man das Hafengebiet nicht verlassen. Baden ist nur in der Cala Giovanni am Hafen erlaubt. Die übrigen Strände, traumhaft schön, liegen vollkommen unberührt. Das Inselbüro Acquvision

organisiert Fahrradtouren, die bis zum Punta del Marchese führen, ein Naturspektakel mit Muschelbänken. Nach so viel Anstrengung sollte man die fangfrischen Meeresfrüchte im einzigen Restaurant der Insel probieren, das von ehemaligen Gefängnisinsassen betrieben wird. Die Kellner tragen Schürzen mit der Aufschrift »cucina galeotta«, Knastküche.

Die wildeste aller Inseln des toskanischen Archipels, und deshalb besonders reizvoll für Touristen, die den besonderen Kick suchen, ist Montecristo. Das rund zehn Quadratkilometer große Eiland ist weltbekannt. Alexandre Dumas siedelte einen Teil seines Romans »Der Graf von Montecristo« hier an.

Montecristo ist nicht bewohnt. Hier leben Tiere und Pflanzen in ungestörter Natur. Ein Paradies, wie man es in Italien nur selten findet. Um die Insel zu besichtigen und auf ihr zu wandern, muss man sich an den Corpo Forestale di Follonica wenden, die Waldpolizei (Tel. 0566-40019). Die Beamten organisieren Touren nach Montecristo. Strengstens verboten ist das illegale Anlegen mit dem eigenen Boot. Wehe jenen, die von den Kustoden der Insel erwischt werden. Montecristo ist ideal, um Tiere zu beobachten, vor allem Vögel.

Ein weiteres toskanisches Inseljuwel ist Gorgona, nur 2,2 Quadratkilometer groß und von der Isola di Capráia aus zu errei-

chen. Unberührte Natur, Felsen, Grotten, kleine Strände und verwitterte Ruinen von alten Klöstern und Wehranlagen sind hier zu finden. Wie Montecristo darf auch Gorgona nur auf Anfrage besucht werden. Das bürokratische Prozedere lohnt sich jedoch, denn die Insel ist zauberhaft schön.

1 Blick auf den Golf di Procchio.
2 Bucht bei Biodola auf Elba.
3 Wilde Landschaft bei Porto Azzurro auf Elba.
4 Hafen von Biodola auf Elba.
5 Ländliche Idylle in Capoliveri auf Elba.

Nachfolgende Doppelseite:
Es gibt sie noch, die einsamen Badebuchten: Porto Azzurro auf Elba.

Planen, Reisen, Genießen

Größe/Lage/Naturraum

Die Toskana nimmt einen Großteil Mittelitaliens ein. Sie liegt zwischen dem 44. und dem 42. Grad nördlicher Breite und ist mit 22 992 Quadratkilometern die fünftgrößte Region Italiens. Auf ihrem Territorium leben etwa 3,6 Millionen Italiener. Hauptstadt der aus sieben Provinzen bestehenden Region ist Florenz.

Ganz oben: San Angelo in Colle, Trattoria Il Lecchio: eine der besten der Gegend. Oben Mitte: Typische Landschaft mit altem Bauerngehöft nahe Manciano. Oben: Naturpark mit Edelkastanien am Fuße des Monte Amiata bei Seggiano. Rechts: An der Hafenmole von Viareggio.

Im Norden und Osten wird die Toskana vom Apennin mit den Beckenlandschaften Lunigiana, Garfagnana, Mugello, Casentino, Valdarno u. a. begrenzt. Im Süden reicht sie bis zur Tufflandschaft Latiums und schließt den höchsten Berg der Region, den Monte Amiata, ein. Die südliche Grenze verläuft durch eine von Hügeln und kleinen Ebenen geprägte Landschaft, die sich in den Nachbarregionen Latium und Umbrien fortsetzt, sie wurde als Folge von geschichtlich-politischen Entscheidungen ausgewiesen. 66 Prozent der Toskana bestehen aus Hügelland, gut 25 Prozent aus Bergen.

Das subapenninische Berg- und Hügelland im Südwesten besteht aus jungtertiären Sanden und Tonen sowie Resten eines älteren erzführenden Gebirges, das sogenannte toskanische Erzgebirge, wo schon die Etrusker Erz abbauten.

Die westlich sich anschließende tyrrhenische Küste hat eine Länge von etwa 330 Kilometern und bietet zwischen felsigen Abschnitten viele feinsandige Strände. Größtenteils ist sie Ausgleichsküste, die zur Versandung der Buchten von Flussmündungen und damit auch zur Versandung antiker Häfen

beigetragen hat. Die Küstenlandschaft der südlichen Toskana ist die landschaftlich

besonders reizvolle Maremma. Im Norden verläuft die Versilia, auch Apuanische Riviera genannt. Dabei handelt es sich um das seit langer Zeit bekannteste und am stärksten frequentierte Urlaubsgebiet der Toskana in geringer Entfernung zu den dicht besiedelten Ballungszentren im Inland, vor allem zu Florenz. Zur Toskana gehört auch der toskanische Archipel mit den Inseln Elba, Pianosa, Montecristo und Gíglio. Trotz der starken menschlichen Einflussnahme in der gesamten Region, die landwirtschaftlich seit langer Zeit genutzt wird, bestehen immer noch zahlreiche Möglichkeiten, der Natur zu begegnen, wie zum Beispiel in der bemerkenswert ursprünglichen Dünenlandschaft im Naturpark San Rossore. Die Toskana gehört zu den am dichtes-

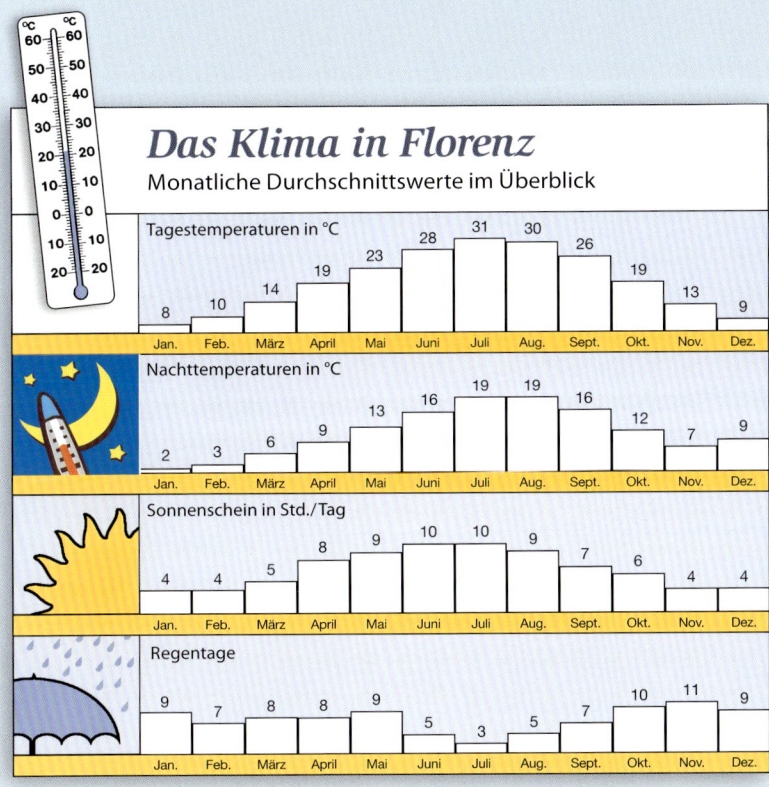

Das Klima in Florenz
Monatliche Durchschnittswerte im Überblick

Tagestemperaturen in °C

Jan.	Feb.	März	April	Mai	Juni	Juli	Aug.	Sept.	Okt.	Nov.	Dez.
8	10	14	19	23	28	31	30	26	19	13	9

Nachttemperaturen in °C

Jan.	Feb.	März	April	Mai	Juni	Juli	Aug.	Sept.	Okt.	Nov.	Dez.
2	3	6	9	13	16	19	19	16	12	7	9

Sonnenschein in Std./Tag

Jan.	Feb.	März	April	Mai	Juni	Juli	Aug.	Sept.	Okt.	Nov.	Dez.
4	4	5	8	9	10	10	9	7	6	4	4

Regentage

Jan.	Feb.	März	April	Mai	Juni	Juli	Aug.	Sept.	Okt.	Nov.	Dez.
9	7	8	8	9	5	3	5	7	10	11	9

...ten besiedelten und landwirtschaftlich am besten strukturierten Regionen Italiens. Der Waldanteil ist relativ hoch, vor allem im Norden. Hauptgebiete der Landwirtschaft sind die Becken- und Hügellandschaften, die für den Anbau von Wein, Oliven und für Mischkulturen genutzt werden. Die vielseitige Industrie konzentriert sich in den Städten des Beckens von Pistóia, Prato und Florenz sowie im Valdarno. Der wichtigste Handels- und Fischereihafen ist Livorno. In Piombino werden, schon seit Etruskerzei-

ten, Eisenerze aus Elba umgeschlagen und verhüttet. Historisch und kunstgeschichtlich bedeutende Städte, meist etruskischen Ursprungs, krönen viele Hügel und Bergkuppen, wie im Fall von Siena, Volterra, San Gimignano, Arezzo und Montepulciano, andere liegen in den fruchtbaren Becken, darunter Florenz, Pistóia, Lucca und Pisa.

Flora und Fauna

Die Region bietet eine sehr artenreiche Tier- und Pflanzenwelt. Man findet Pflanzen aus Mittel- und Südeuropa, aber auch aus Nordafrika und den Alpengebieten. Die Reichhaltigkeit der Tierwelt ist ein Spiegelbild für die Vielfalt der vorhandenen Lebensräume. Für vogelkundlich Interessierte bietet die Toskana neben Greifvögeln aller Art, darunter auch Steinadler, vor allem an der Küste einen großen Wasservogelreichtum. Berühmt sind

die toskanischen Löffler und die Rosa-Flamingos.

Achtgeben sollte man bei den Reptilien. In der Toskana lebt auch die Gelbgrüne Zornnatter, eine der größten Schlangen Italiens, die, wie der Name schon sagt, keinen besonders friedlichen Charakter hat. Sie ist zwar

ungiftig, aber die Bisse können schmerzhaft sein.

Die Pflanzenwelt der Toskana kann in vier Kategorien aufgeteilt werden. Man unterscheidet die mediterrane Hartlaubstufe bis 500 Meter mit Pinien und Zypressen die submediterrane Laubwaldstufe bis 900 Meter mit den für sie typischen Kasta-

nienwäldern; die Bergstufe bis 1700 Meter mit Tannen und Buchen; sowie die typische Mittelmeervegetation in Meeresnähe mit den unter anderem geschützten Pflanzengesellschaften der Dünengebiete mit Strandwinden, Mittelmeerstrohblumen und Trichternarzissen.

Bevölkerung

Rund die Hälfte der Toskaner lebt auf den kleinflächigen und stark industrialisierten Ebenen entlang der nördlichen Küste und im unteren Arnotal sowie im großen Ballungszentrum der Regionalhauptstadt Florenz. Daraus ergibt sich, ähnlich wie in der benachbarten Region Umbrien, dass ein Großteil der Landschaft nur dünn besiedelt ist, vor allem betrifft dies die Berge und die Maremma, der

Unten: Restaurator Yoshifumi Maekawa in seinem Florentiner Atelier in der Via San Niccolo.
Links Mitte: Frische Oliven aus Suvereto bei San Lorenzo.
Ganz unten: Was ist heute los in Suvereto?

südlichste Teil der Toskana. Die Bevölkerung geht auf die Etrusker zurück. DNA-Untersuchungen haben ergeben, dass vor allem die Toskaner in der Gegend der kleinen Ortschaft Murlo mit diesem alten Volk verwandt sind. Wie in allen Regionen Italiens haben sich aber auch die Menschen der Toskana mit anderen Völkern vermischt, vor allem mit denen, die aus Norditalien und Nordeuropa kamen.

Im 19. Jahrhundert kam es infolge wirtschaftlicher Rückständigkeit, wie in anderen Regionen Italiens, zu einer großen Auswanderungswelle. Erst seit der Mitte des 20. Jahrhunderts nimmt die Bevölkerung wieder zu. Vor allem sind es wohlhabende Italiener und Ausländer, die sich auf toskanischem Land ansiedeln.

Sprache

In Florenz existiert seit 1582 die »Accademia della Crusca«. Die Mitglieder dieser Einrichtung wachen über die Reinheit der italienischen Sprache. Italieni-

sche Sprache heißt vor allem toskanisch. Das Toskanische gilt seit den Zeiten des Dichterfürsten Dante Alighieri (1265–1321) als Hochsprache. Viele Italiener aus anderen Regionen sehen das aber anders. Für einen Neapolitaner ist das Toskanische nichts anderes als eine von vielen italienischen Mundarten. Kurios ist, dass die sprachlich traditionsbewussten Toskaner das »c« in der Aussprache oft durch ein »h« ersetzen. So sagen sie nicht, wie die übrigen Italiener »casa«, das Haus, sondern »hasa« oder »happuccino« statt »cappuccino«.

Klima/Reisezeit

Die zwei wichtigsten Einflussfaktoren für das Klima sind das Meer und die Berge. Ein Großteil der Küste und der sich im Inland erhebenden Hügel wird durch das typisch mediterrane Klima bestimmt. Die großen Wassermassen des Meeres bilden einen Wärmespeicher und sorgen somit für milde Winter. Der Apennin schützt die Toskana vor kalten Winden aus dem Norden. Seit einiger Zeit wird es, wie überall auf der Erde, immer wärmer. Darunter leidet vor allem die Landwirtschaft.

An der Versiliaküste liegt die durchschnittliche Wintertemperatur bei 9 Grad Celsius und die Temperatur im Sommer bei 23 Grad. Im Inneren der Region, in Florenz, liegt die Durchschnittstemperatur im Januar, dem kältesten Monat, bei 14 Grad. Im Sommer kann es dort sehr heiß werden, mit Temperaturen um die 30 Grad. Als beste Reisezeiten werden deshalb Frühling und Herbst empfohlen.

Anreise

Mit dem Flugzeug: Von verschiedenen deutschen Flughäfen aus gibt es sowohl Linienflüge als auch direkte Charterflüge nach Florenz und Pisa. Von beiden Flughäfen gelangt man mit einem Taxi schnell in die Stadtzentren.
Mit dem Zug: Über München führen direkte Zugverbindungen nach Florenz. Von dort aus gibt es kleinere Zugstrecken, die aber nicht die ganze Toskana abdecken. Eine weitere Hauptlinie führt durch den Gotthardtunnel über Mailand

Links: Segeln wie schon Giacomo Puccini, Torre del Lago. Unten: Farbenreiche Florentiner Gotik: die Domfassade. Links unten: Kulturlandschaft zwischen Saline di Volterra und Volterra.

und Genua nach Livorno und Grosseto. Autoreisezüge siehe www.db.autozug.de. Allgemeine Informationen siehe www.fs-online.de und www.trenitalia.it
Mit dem Auto: Die beiden Hauptstrecken führen durch die Schweiz (Gotthardtunnel oder -pass), über Mailand und Genua oder über Bologna – oder aber durch Österreich (Brennerautobahn). Von Hamburg, Frankfurt und Hildesheim aus fährt im Sommer einmal wöchentlich ein Autoreisezug nach Livorno.
Mit dem Bus: Es existiert ein engmaschiges öffentliches Busnetz, das die gesamte Toskana abdeckt. In vielen Ortschaften werden Bustouren zu den schönsten Orten und Sehenswürdigkeiten organisiert.
Mit dem Schiff: Von Hafenstädten wie Livorno und Piombino

Fortsetzung Seite 172

Kunst und Kultur für Genießer

Der schönste Spaziergang durch Florenz

Weg wie durch ein Labyrinth zur Piazza della Signora, wo sich die Kutschen für die später kommenden Touristen postieren. Der große Platz mit den Renaissanceskulpturen präsentiert sich fast leer und fasziniert damit umso mehr. Um diese Uhrzeit ist ein Cappuccino in einer der Bars auf dem Platz ein Hochgenuss. Auch der Ponte Vecchio ist am besten frühmorgens zu genießen, wenn man sich noch nicht durch Menschenmengen drängeln muss.
Gleich hinter dem Ponte Vecchio sollte man links in die Via de' Bardi einbiegen, eine mittelalterliche Straße mit hohen und wie abweisend wirkenden Palästen. Direkt unterhalb des Hügels befindet sich der Giardino di Boboli, der Boboligarten. Die Verlängerung der Via de' Bardi ist die Via di San Niccolo, die zur Piazza Giuseppe Poggi führt. Von dort erreicht man über eine Allee, die Viale G. Poggi, die Piazzale Michelangelo, die Aussichtsterrasse mit dem wohl schönsten Blick auf die Altstadt. Am frühen Morgen wird sie noch nicht von Hunderten von

Frühmorgens, gegen sechs oder sieben Uhr, ist Florenz am schönsten und das historische Stadtzentrum noch fast menschenleer. Die erste Sonne taucht Kirchen und Paläste in ein ganz weiches Licht ein.
Man sollte den Spaziergang auf dem Mercato Generale beginnen, nicht weit von der Piazza San Lorenzo entfernt. Die alte Markthalle wird um diese Uhrzeit nur von Hausfrauen besucht. Hier sollte man in einer der populären Kaffeebars auch frühstücken. Die Florentiner sind dann noch unter sich. Auch das Innere des Doms kann jetzt noch in relativer Stille genossen werden.
Durch das enge Gassengewirr südlich des Doms und zwischen den Straßen Via de' Calzaiuoli und Via del Proconsolo führt der

Touristen frequentiert, die normalerweise mit Reisebussen hierher gebracht werden. Der majestätische Blick auf Kuppeln und Dächer kann noch in aller Ruhe genossen werden.

Oben: Unerlässlich bei einem Florenzbesuch: Spaziergang durch den Boboligarten.
Links: Renaissancemarkthalle des Mercato Nuovo an der Via Calimala, mitten in Florenz.

Nachfolgende Doppelseite: Ausruhen auf dem Ponte Vecchio bei den Uffizien.

169

gibt es regelmäßige Schiffsverbindungen zu den Inseln. Inselhüpfen ist möglich.

Die genauen Uhrzeiten der Schiffsverbindungen, die von Jahreszeit zu Jahreszeit stark variieren können, erfragt man am besten in den örtlichen Touristenbüros.

237430, Fax 069/232894, E-Mail: Enit.ffm@t-online.de München: Goethestr. 20, 80336 München, Tel. 089/531317, Fax 089/534527, E-Mail: enit-muenchen@t-online.de

In Österreich:
Kärntner Ring 4, 1010 Wien, Tel. 0900/970228,

Oben: Typische Steineinlegearbeiten in einem Geschäft bei Santa Croce in Florenz. Großes Bild: Gemüsemarkt bei der Piazza Vetovaglie in Pisa. Rechts: Wurstspezialitäten in einem Feinkostladen in Lucca. Ganz rechts oben: Fischverkauf an einem Kanal in Viareggio. Ganz rechts unten: Die Ölmühle von Agricola Giovani in Suvereto.

Auskunft

In Deutschland:
Staatliches italienisches Fremdenverkehrsbüro ENIT (Ente nazionale per il turismo) (www.enit.it)
Berlin: Karl-Liebknecht-Str. 34, 10178 Berlin, Tel. 030/2478397 und -2478398, Fax 030/2478399, E-Mail: enit-berlin@t-online.de
Frankfurt: Kaiserstr. 65, 60329 Frankfurt, Tel. 069/259126 und

von den Krankenkassen an ihre Mitglieder ausgegeben, zusammen mit einem Merkblatt. Ohne diese Dokumente müssen Arzt-, Krankenhaus- sowie Apothekenkosten zunächst bar bezahlt und in Form von Rechungen der Krankenkasse vorgelegt werden.

Europas. In den vielen Altstädten existieren selten Rampen für Rollstuhlfahrer. Behinderte sollten sich vor ihrem Toskanaurlaub genau danach erkundigen, ob der Urlaubsort wie auch die Unterkunft behindertengerechte Einrichtungen bieten.

Links: Über 1000 verschiedene Tropfen: Weinhandlung in der Florentiner Via di San Niccolo. Oben: Einer der vielen Schmuckläden auf dem Ponte Vecchio.

Banken/ Kreditkarten

Die Banken sind normalerweise montags bis freitags zwischen 8.30 und 13 und von 15 bis 17 Uhr geöffnet. Fast alle Filialen verfügen über einen »bancomat«. In den meisten Restaurants und Hotels sowie an Tankstellen werden Kreditkarten akzeptiert.

Reisende mit Behinderungen

Italien ist nicht gerade das behindertenfreundlichste Land

Einkaufen

Die Toskana ist ein Einkaufsparadies. Neben einem reichen Angebot an Weiß-, Rot- und Dessertweinen finden sich ausgezeichnete Wurst- und Käseprodukte. Das toskanische Olivenöl gehört zum Besten in Italien. Kunsthandwerk wird ganz groß geschrieben. Seit Jahrhunderten ist die Toskana auch für ihre Terracottakunst berühmt. Liebhaber von Antiquitäten aller Art kommen in vielen Geschäften und auf Trödelmärkten auf ihre Kosten.

Elektrizität

Die Stromspannung ist die gleiche wie in Deutschland, Österreich und der Schweiz, aber

Fax 01/5050248,
E-Mail: enit-wien@aon.at
In der Schweiz:
Uraniastr. 32, 8001 Zürich,
Tel. 01/2117917 und 2113031,
Fax 01/2113885,
E-Mail: enit@bluewin.ch

Ärztliche Versorgung

Reisen Sie nie ohne das Formular E 111 oder die neue europäische Krankenversicherungskarte EHIC nach Italien. Sie werden

Fortsetzung Seite 176

Die Toskana entdecken

Die fünf schönsten Touren im Überblick

1. Weinreise durchs Chianti

Diese Tour, die sich perfekt für einen Tagesausflug eignet, beginnt in *Florenz*. Durch die Porta Romana gelangt man direkt in die herrliche Campagna fiorentina mit Villen und Oliven-

hainen. Über Impruneta geht es Richtung *Greve* in Chianti, wo schon bald die Weinberge beginnen und ein Hinweisschild nach dem anderen auf Weingüter verweist. Von Greve geht es weiter nach *Castellina* und *Radda* in Chianti und am Ende der Tour schließlich nach *Gaiole* in Chianti. Der Rückweg nach Florenz ist auch über die Autobahn möglich, auf die man bei S. Giovanni Valdarno auffährt. Doch reizvoller ist es über Nacht im Chianti zu bleiben. Wenn nicht gerade August ist, lässt sich auch ohne Vorbuchung ein Zimmer in einem der Agriturismi, einer der Villen oder Burgen finden. Tipp: Probieren Sie verschiedene Weine auf den Weingütern und

essen Sie in den einfachen, aber ausgezeichneten Trattorien, von denen jede der Ortschaften gleich mehrere bietet.

2. Lucca und Umgebung

Von den Stränden an der Versiliaküste aus lohnt unbedingt eine Tour über Lucca bis nach Pistóia, eine Fahrt, die man an einem Tag gut bewältigen kann. Am Vormittag lässt sich *Lucca* besichtigen. Tipp: Ein Rundgang oder eine Rundfahrt mit dem Rad über die ehemaligen Befestigungsanlagen ist zu empfehlen. Der Blick auf die Altstadt ist wunderschön. Im Stadtinneren sollten unbedingt die romanischen Kirchen besichtigt werden, die zu den reich geschmücktesten der Toskana gehören. Für Kinder unerlässlich ist ein Besuch des Pinocchio-

parks im nahen *Collodi*. *Montecatini Terme* bietet hingegen eine der schönsten italienischen Thermenanlagen, mit zahlreichen Gebäuden, die um die Wende vom 19. zum 20. Jahr-

hundert entstanden sind. Möglich sind auch mehrstündige oder halbtägige Anwendungen in den verschiedenen Thermen. Nach *Pistóia* ist es nicht weit, ein romanisches Städtchen, das die Schokoladenhochburg der Toskana ist. Nirgendwo sonst finden sich in der Region so viele gute Chocolatiers.

3. Die Maremma

Eine Tour durch die Maremma könnte im Nationalpark der Maremma beginnen. Er ist einer der schönsten italienischen Naturschutzparks, für dessen Besuch man mindestens einen halben Tag einplanen sollte, denn das Terrain umfasst Wanderwege und Strände und ist ideal für mehrere Stunden Entspannung. 20 Kilometer von Pincipina al Mare im Norden bis zu dem im Süden gelegenen Talamone zieht sich der bis zu vier Kilometer breite und artenreiche Naturpark mit Wasservögeln, Büffeln und Wildpferden die Küste entlang.

Die Zufahrt liegt bei Alberese (www.parcomaremma.it). Südlich des Naturschutzparks sollte die *Halbinsel des Monte Argentario* besucht werden, eines der wildromantischsten Küstengebiete der Toskana. Über *Orbetello* führt die Straße rund um diese Halbinsel mit den malerischen Fischerorten Porto Santo

Stefano und Porto Ércole, die über ausgezeichnete Hotels verfügen. Bei klarem Wetter lohnt sich eine Wanderung auf den 635 Meter hohen *Monte Argentario*. Der Blick von oben auf die Inseln des toskanischen Archipels ist umwerfend. Im Landesinneren ist ein Besuch von Magliano in Toscana, einer typischen Ortschaft für das Hinterland der Maremma, zu empfehlen.

4. Durch das Val d'Orcia

Das Val d'Orcia, das Orciatal, ist eine der zauberhaftesten Gegenden der Toskana. Vor allem südlich der kleinen Renaissancestadt *Pienza* zeigt sich diese Landschaft mit landwirtschaftlich genutzten Hügeln, mit vereinzelt gelegenen Gehöften und Zypressengruppen. Zu jeder Tageszeit und bei jedem Wetter wirkt diese Gegend anders. Das Gebiet umfasst die Landschaft zwischen Montalcino im Westen, Montepulciano im Osten und dem Monte Amiata im

Süden. Eine Tour könnte in dem Weinstädtchen *Montalcino* beginnen, wo einer der besten italienischen Tropfen gekeltert wird, der Brunello. Über Pienza geht es nach *Montepulciano*, von wo ein weiterer ausgezeichneter Wein stammt. Montepulciano bietet neben einer intakten historischen Altstadt im Sommer den »Cantiere Internazionale d'Arte«, ein bekanntes Musikfestival. Südlich der Stadt führen verschiedene Schotterstraßen, eine malerischer als die andere, zur romanischen Klosterkirche *Sant'Antimo*, die in einem grünen Tal liegt. Tipp: Besuchen Sie diese Kirche am späten Nachmittag, wenn die Touristenbusse abgefahren sind. Reizvoll ist auch ein Besuch des Skulpturenparks des Schweizer Künstlers Daniel Spoerri im nahen *Seggiano*.

5. Casentino-Tour

Diese Tour durch eines der touristisch unbekanntesten und waldreichsten Gebiete der Toskana kann man in *Arezzo* beginnen. Für eine Rundfahrt reicht ein Tag. Über *Sansepolcro* mit seinem mittelalterlichen Dom und dem ungewöhnlich reich bestückten Museo Civico führt die Straße über Caprese Michelangelo und Chiusi in das einsam in den Bergen gelegene Eremitenkloster *La Verna*, das im Mit-

telalter und in der Renaissance reich mit Kunst ausgeschmückt wurde. Über *Bibbiena* geht es nach *Poppi* mit seiner mächtigen

Burg. Eine schmale Straße führt dann durch dichte Wälder, die immer wieder malerische Blicke auf weite und unberührte Täler freigeben, in das ebenfalls einsam auf einem Berg in 1100 Metern Höhe errichtete Kloster *Eremo di Camaldoli*. Ein Ort, der zu Wanderungen einlädt und wo es auch im heißesten Sommer stets frisch ist. Wieder zurück im Tal, sollte unbedingt die etwas nördlich gelegene *Pieve di Romena* besucht werden, eine

der schönsten und am besten erhaltenen romanischen Pilgerkirchen der Toskana.

Achtung: in Italien existieren noch viele Dreilochsteckdosen. Ein entsprechender Zwischenstecker ist also unerlässlich.

Feste

Fast jede Stadt und Ortschaft der Toskana hat ihre ursprüngli-

2. Juli und 16. August: Palio delle Contrade, Pferderennen in Siena
15. August: Sagra della Bistecca, Volksfest zu Ehren des Bistecca-Steaks in Cortona
Letzter Sonntag im August: Bravio delle Botte, Wettrennen mit Weinfässern in Montepulciano

chen Volksfeste. Am besten informiert man sich vor Ort. Doch es gibt einige Feste, die auch in ganz Italien für Aufsehen sorgen und die man unbedingt besuchen sollte.
Februar: Carnevale di Viareggio, Italiens vielleicht schönster Karneval
17. Juni: Regata di San Ranieri, historische Regatta in Pisa
3. Juni- und 1. Septembersonntag: Giostra del Saracino, traditionelles Pferderennen in Arezzo
24. Juni: Calcio in Costume, Fußballspiel in historischen Gewändern in Florenz
Letzter Sonntag im Juni: Gioco del Ponte, historischer Umzug in Pisa

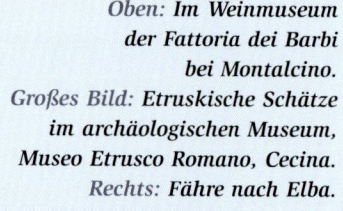

Oben: Im Weinmuseum der Fattoria dei Barbi bei Montalcino.
Großes Bild: Etruskische Schätze im archäologischen Museum, Museo Etrusco Romano, Cecina.
Rechts: Fähre nach Elba.

Fortbewegung in der Region

Am besten mit dem eigenen Auto oder mit einem Mietwagen. Nur so lässt sich die Toskana bis in den letzten Winkel hinein erkunden. Viele romantische Schotterstraßen führen in zauberhafte Landschaften, wo kein Reise- oder Linienbus hingelangt. Auch Fahrradtouren und Wanderungen sind in der Toskana angesagt. Am besten

organisiert man solche Touren von Deutschland aus.

Mit Kindern unterwegs

Auch wenn Italien als kinderfreundliches Land gilt, verfügen

viele Restaurants weder über Kinderteller noch über Kinderstühle. Tipp: Fragen Sie nach einer »mezza porzione«, einer halben Portion. Besonders die feinsandigen Strände an der Versiliaküste sind ideal für erholsame Ferien mit Kindern.

176

Entwürfen des weltbekannten Renaissancegenies.

Museen

Die Toskana bietet so viele Museen, dass man sie gar nicht alle aufzählen kann. Die meisten von ihnen sind nur vormit-

nur mit Genehmigung, Golfen; Kanu und Kajak, Skifahren im Winter am Monte Amiata und Reiten auf vielen Bauernhöfen. Besonders beliebt bei Toskana-besuchern sind Mal-, Koch- und Bildhauerkurse, die von verschiedenen deutschen Reiseveranstaltern angeboten werden.

Links: Panoramablick vom Kloster Passionisti auf die Lagune von Orbetello.
Oben: Strandtreiben bei Marina di Albarese im Naturschutzpark Maremma.

tags geöffnet. Viele verfügen über eigentümliche Öffnungszeiten. Man sollte sich vor Ort genau informieren, wann sie zu besuchen sind.

Sport und Freizeit

Neben Schwimmen im Meer, Wandern im Chianti und Radeln in der Crete bietet die Toskana zahlreiche Sport- und Beschäftigungsmöglichkeiten: Angeln in Binnengewässern, allerdings

Strände und Baden

Die Toskana ist ein Badeparadies für jeden Geschmack. Für Familien ideal sind die Badeorte an der Versiliaküste. In fast allen Ortschaften am Meer verfügen die Hotels über eigene Strände, die sehr gepflegt, aber nicht immer preiswert sind. Viele der Strände sind auf Kinder eingestellt und bieten zahlreiche Spielmöglichkeiten. Romantischer kann es an den Badebuchten der südlichen Toskana sein: kleine Strände mit Pinienwäldern. Jedoch sollte man nicht im August, dem Haupttreisemonat der Italiener, hierher fahren.

Im Landesinneren und in Küstennähe locken verschiedene Tier- und Erlebnisparks wie zum Beispiel der Parco Zoo della Fauna Europea bei Poppi (www.parcozoopoppi.it), der Parco Preistorico bei Peccioli (www.parcopreistorico.it) oder

das Schildkrötenschutzgebiet Centro Carapax bei Follonica (www.carapax.org).
Besonders reizvoll für Kinder: das Museo Leonardiano in der Ortschaft Vinci (www.museoleonardiano.it) mit verschiedenen nachgebauten

Baden auf den Inseln des toskanischen Archipels ist vor allem dann ein Vergnügen, wenn man mit einem Boot oder einer Segeljacht die ganz still gelegenen Strände anfährt. Aber Achtung: Einige der Inseln des Archipels sind Naturschutzgebiete. Illegales Betreten der

nach Österreich 0043. Die Vorwahl nach Italien ist 0039. In Italien sind die ehemaligen Ortsvorwahlen fester Bestandteil der Rufnummern. Deshalb muss innerhalb Italiens und auch aus dem Ausland immer die Null am Anfang einer Nummer mitgewählt werden.

Strände ist bei Strafe untersagt. Man sollte sich vor einer Inselfahrt beim Touristenbüro erkundigen, welche Strandabschnitte welcher Inseln off-limits sind.

Oben: Preiswert und wirklich gut: B + B Belvedere di Suvereto. Großes Bild: Ausruhen auf der Piazza della Signoria in Florenz. Rechts: Café Gilli an der Piazza della Repubblica in Florenz.

Telefonieren

Ganz einfach und am besten mit einer »Carta telefonica«, einer Telefonkarte, für 5 oder 10 Euro, die man bei einem Tabaccaio, einem Tabakladen, kaufen kann. Auch Zeitungskioske und Postämter verkaufen diese Karten. Vor dem Benutzen muss die perforierte Ecke abgeknickt werden. Ein R-Gespräch ist über die Nummer 1720049 möglich. Die Vorwahl für Deutschland ist 0049, in die Schweiz 0041 und

Trinkgeld

Das Trinkgeld (»mancia«), das man im Restaurant und am Ende eines Hotelaufenthalts an der Rezeption gibt, sollte zwischen 5 und 10 Prozent der Rechnungssumme betragen. Achtung: In zahlreichen Restaurants werden gleich 10 oder auch 15 Prozent »servizio«, Bedienung, auf die Rechnung geschlagen. Eine »mancia« erübrigt sich folglich.

Links: Das elegante Hotel Savoy, Piazza della Repubblica, Florenz. Ganz oben: Villa Ginori im Badeort Marina di Cécina. Oben: Viareggio ist berühmt für seine vielen Bauten des italienischen Jugendstils. Nachfolgende Doppelseite: Postkartenidylle bei San Gimignano.

Unterkunft

Bei den einschlägigen Informationsstellen erhält man Auskunft über die verschiedenen Unterkunftsmöglichkeiten und vor allem über die jeweils gültigen Preise. Es wird alles geboten, von der einfachen Pension, der preiswerten Kloster- oder Bed&Breakfast-Unterkunft bis hin zum Luxushotel und dem komfortablen Landgasthof mit Pool und Tennisplatz. Besonders erholsamen Urlaub bieten Thermalhotels, von denen es in der Toskana jede Kategorie gibt. Das Thermalwasser der Toskana gehört zum besten Europas. Die Toskana verfügt über etwa 9000 Villen und renovierte Bauernhäuser, die tages- und wochenweise gemietet werden können.

Neben der allgemeinen Hotelsuchwebsite www.hrs.de bieten die Agenturen Salogi Villas, Farmhouses & Apartments (www.salogi.it) und Calcione Castle & Country (www.calcione.com) besonders reizvolle Unterkünfte. Agriturist (www.agriturist.it) offeriert ein vielfältiges Angebot von Unterkünften auf dem Land.
Camping: Wildes Camping ist in Italien bei Strafe verboten. In der Toskana stehen rund 150 gut organisierte Campingplätze zur Verfügung, auch auf den größeren Inseln. In den ENIT-Büros gibt es die »Carta d'Italia parchi campeggio« mit wichtigen Informationen für Camper. Siehe auch www.campeggio.it

Menschen, Orte, Begriffe

Links: *Das Weingut La Mandria bei Radda in Chianti wird von Isabelle Schilling und Salvatore Napolitano bewirtschaftet.* **Unten:** *Eleganter Treffpunkt in Florenz: Café Gilli an der Piazza della Repubblica.* **Ganz unten:** *Stürmisches Meer am Badestrand der Marina di Cécina.*

Links oben: **Vinothek in Radda in Chianti.** *Ganz oben:* **Die Gaben der Natur: Weinfest in Vagliagli bei Radda in Chianti.** *Oben:* **Bummeln in der Weinstadt Radda in Chianti.** *Rechte Seite:* **Torre del Lago, wo Puccini lebte.**

Weitere Titel ...

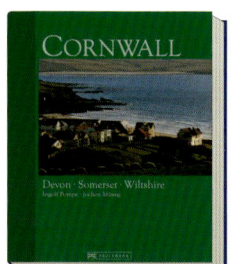

ISBN 978-3-7654-4934-5

ISBN 978-3-7654-4929-1

ISBN 978-3-7654-4933-8

ISBN 978-3-7654-4616-0

ISBN 978-3-7654-4375-6

Impressum

Der Fotograf

Max Galli ist Fotograf und Fotojournalist von etwa 45 Bildbänden und 100 Kalendern der Themenbereiche Reise-, Architektur-, Landschafts- und Theaterfotografie. Galli ist Mitglied der Bildagentur laif in Köln, lebt in St. Moritz und Berlin. Mehr unter: www.maxgalli.com

Der Autor

Thomas Migge ist Politologe und Historiker. Er arbeitet u. a. für den Deutschlandfunk und schreibt für Zeitschriften und Magazine wie »Brigitte« und »Der Feinschmecker«. Er ist Autor zahlreicher Bildbände, kennt Venetien, die Toskana, das Friaul und Rom wie seine Westentasche. Lebt seit über zehn Jahren als Auslandskorrespondent in Rom.

Produktmanagement und Bildauswahl: Joachim Hellmuth
Textlektorat: Kristin Bamberg
Graphische Konzeption:
Uhlig/www.coverdesign.net
Satz und grafische Gestaltung:
Werner Poll
Umschlaggestaltung:
Frank Duffek unter Verwendung eines Fotos von Max Galli
Kartografie:
Astrid Fischer-Leitl, München
Herstellung: Bettina Schippel
Repro: Repro Ludwig,
Zell am See
Printed in India by
International Print - O - Pac Ltd.

Alle Angaben dieses Werkes wurden vom Autor sorgfältig recherchiert und auf den aktuellen Stand gebracht sowie vom Verlag geprüft. Für die Richtigkeit der Angaben kann jedoch keine Haftung übernommen werden. Für Hinweise und Anregungen sind wir jederzeit dankbar. Bitte richten Sie diese an:
Bruckmann Verlag GmbH
Produktmanagement
Postfach 40 02 09
D-80702 München
E-Mail: lektorat@bruckmann.de

Bildnachweis

Umschlagvorderseite:
Landschaft bei Pienza.
Umschlagrückseite: Auf dem »Campo dei Miracoli« in Pisa.

Picture-Alliance / dpa, Frankfurt am Main: S. 20 M., 20 r., 21 u., 22/23 (6), 25 o.r., 28/29, 30/31 (7), 34/35 (6), 126 l.
Alle anderen Bilder stammen von Max Galli, St. Moritz.

Textnachweis

Das Zitat auf S. 10 stammt von Ranuccio Bianchi-Bandinelli: Etrusker und Italiker vor der römischen Herrschaft.
© Verlag C. H. Beck, München 1973
Guido Piovene: 18mal Italien. Aus dem Italienischen von Herbert Schlüter. Piper Verlag, München 1959.